爱商系列丛书·亲子篇

家长成长的心理及格线

张 华 著

学林出版社

谨以此书献给天下爱子心切的家长们！

自 序

无论是校长、局长、董事长……你首先有可能是一位"家长";

可能做不了县长、市长、省长……你都有可能成为一名"家长";

无论校长、局长、董事长、县长、市长、省长……总有一天都会退休,但"家长"是一个当上就不能辞职,终身无法退休的"职务"!

就是这么一个重要的角色,我们却可以在不接受任何专业学习的情况下,做得心安理得,实属不可思议。

《家长成长的心理及格线》是专为年轻爸妈及帮助带孩子的长辈出品的,是关于提升亲子关系、塑造孩子良好行为、培养孩子基本能力等方面的心理指导操作手册。

作者从儿童期心理营养的关键点、家庭教育的一致性、家长言传身教问题、儿童情绪管理与沟通、家长夸和赞的心理技巧、儿童自主性培养和抗逆力训练、儿童性教育操作与实务、儿童基本能力的家庭日常化培养等八大板块内容入手,由理论到实际操作,手把手地讲述亲子教育的必备技巧和方法,这更是一个优秀家长最起码应该掌握的心理及格线常识。

《家长成长的心理及格线》是继《爱商——亲和爱的幸福DNA》《不是他不爱你 而是你不懂他》(爱商系列丛书·女性篇)之后爱商系列丛书的亲子篇。本书仍然秉承作者多年来所追求的理念创作完成——"将心理学以最通俗的语言、最直观的形式、最实用的方式,在工作中运用,在生活中传播!"

本书既有系统简明的教育心理知识和技能，更有大量有趣、可读性强的案例和故事，还增加了一些心理训练和心理测验，都是心理学干货，是操作性极强的大众读物！

读完此书，你可以系统地掌握走近孩子、走进孩子心里的钥匙，不会为孩子的成长烦恼无从下手，一筹莫展，备受折磨。强烈建议广大家长们细细品读。

优秀家长的心理答卷			
题 号	题 目	内 容	分值
第一题	孩子内心富足的基础?	儿童期心理营养的关键点	20分
第二题	爸爸向左 妈妈向右?	家庭教育的一致性	10分
第三题	青出于蓝如何胜于蓝?	家长言传身教的问题	10分
第四题	情绪与理智的较量?	儿童情绪管理与沟通	10分
第五题	好孩子是怎么夸出来的?	家长夸和赞的心理技巧	10分
第六题	输不起的孩子?	儿童自主性培养和抗逆力训练	15分
第七题	孩子性教育如何"启口"?	儿童性教育操作与实务	10分
第八题	家家都是"训练营"?	儿童基本能力的家庭日常化培养	15分
（看看做家长，你能及格吗？）合计：			

致天下父母的一封必读信

亲爱的家长伙伴儿：

你好！

首先我想请你思考一个问题：假如你的孩子让你事如心愿，那你希望他以后成为一个什么样的人？

答案可能是：自信的、自立的、快乐的、健康的、善良的、成功的……

我想这不仅是你的期待和答案，也是绝大多数家长的愿望。孩子健康快乐地面对生活，认同自我价值，并能很自主、很独立地解决问题，那一定是真正的成功。

为了实现这样的目标，家长通常会做很多事，比如各种监督和指导、各种奖励和惩罚、各种花销和包办、各种严厉和关爱……可以说，只要孩子能变得越来越"好"，家长几乎任何的付出都无怨无悔。

然而，社会的现实却是，家长真心实意地望子成龙、爱女心切，充满对孩子的呵护，但教育的结果反而事与愿违，劳累、辛酸不说，甚至还会招致亲子对抗……

那，到底怎样才能教育出好的孩子呢？可能绝大多数家长很少思考这样的问题：我们想要一个自信的孩子，那作为家长做些什么、怎么做孩子才会变得自信满满？我们想要一个自立的孩子，那家长该怎么跟孩子相处，孩子才会自主自立？我们想要健康、快乐的孩子，家长要活成什么样，孩子才会变得健康、快乐……

不难理解，一个被父母天天批评、否认和打击的孩子，是很难具有内在自信的；一个天天被父母包办、代替、约束的孩子，是很难建立起自立行为的；一个天天生活得很痛苦、很狼狈甚至很不健康的父母，是很难养育出快乐、健康的孩子的……当这些特质都没有了，不管孩子有多"优秀"，又何来"成功"呢？

所以，有多少不自信的孩子，就有多少不懂得塑造孩子自信的家长；有多少不自立的孩子，就有多少不信任孩子、很少放手的家长；有多少不健康的孩子，就有多少"制造"孩子扭曲心态的家长……有多少不成功的孩子，就有多少不懂教育的家长。

就这，还没说到那些有更多要求的家长呢！要孩子坚强、大方、上进、好学……还有都很强的各种基本能力。要成为那样，我们做家长的懂得孩子的心理吗？了解孩子的心理发展规律吗？能根据孩子的身心发展特点因材施教吗？家长对孩子的教育能达成一致吗？家长能做好言传身教吗？能同孩子做好理解、陪伴、倾听、支持、分享等爱的互动吗？

但凡做家长的，在孩子教育这个问题上我们都想用"优秀"来形容自己，然而尚不说优秀，在健全和提升孩子心理能力这个问题上，我们能达到60分的及格线吗？

或许会有人说，生儿育女理所当然，这难道还需要学习吗？难道我们现在教育孩子的方法有问题？

在各自家庭长期的潜移默化下，我们理所当然地都在用"自己最熟悉的经验"教育着孩子，甚至从来没有觉察、辨别或思考过，这些耳熟能详的教育观念、方法合适与否，就坚定地认为就是应该那个样子去做。

这里姑且不谈不同的时期下社会在变、孩子在变，就说这些所谓的经验，还不都是自己从小到大在父母（或其他家长）的言行举止下潜在学习而来的，未必是因为它们特别正确，而是因为它们是自己特别熟悉的。可回过头来我们若经思考：

"父母对我们的教育方式，令我们自己满意吗？"

"父母对我们的教育，令我们感到快乐或成功吗？"

如果不，那我们岂不是"坚定而毫无质疑地"在做重复。父母们教育孩子的方式方法又来自哪里？他们的父母做法就一定对吗？

各行各业都有上岗证书，而且还有的要经过不少学习才能上岗，却唯独最最重要的一个岗位——家长，往往是未经培训无证上岗，而且一经上岗永无退休，却还做的理所当然。那这个岗位所带来的"管理"出了问题还是偶然的吗？

现在越来越多的孩子出现各种各样的问题，看似偶然却并非偶然，原因是很多家长连最基本的家庭教育常识和技能都缺失。

《家长成长的心理及格线》是专为12岁以下孩子的家长撰写的，所涉及的内容包括儿童期心理营养的关键点、家庭教育的一致性、儿童情绪管理与沟通、儿童自主性培养和抗逆力训练、儿童性教育操作与实务、儿童基本能力的家庭日常化培养等八大板块内容，均是作为一个优秀家长最起码应该掌握的心理及格线知识。

《人民日报》曾刊登过一篇叫《教育改革要从家庭教育开始》的文章，文内专门提到家长爱孩子的五个层次，其中最高的两个层次分别是：家长为孩子提升和完善自己；家长鼓励和支持孩子成为最好的自己，同时自己也活出最绽放的生命状态。

很多人为了让孩子成才，带孩子去旅游、报各种学习班、买各类玩具……可谓视钱财如粪土，一掷千金眼睛都不眨，但要说为了孩子好，家长自己来学习一下，通过自己的学习既能节约孩子的时间，又能帮到孩子，很多人那可是找出各种推脱借口，实属令人心痛和悲哀。

"不会种田误一季，不懂育子误一生！"你是理所当然地保持现状，还是积极敞开心扉地紧追科学育儿理念？对孩子是毁掉还是救赎，这之间有时仅是一念之差。如果你觉得教育的成本太高，那么可以试试无知的代价！

　　本书可谓是家长"上岗"的必备说明书，系统阅读学习，将为你能培养优秀的孩子打下坚实和可操作的理论基础。谨以此书献给天下默默"在岗"的家长们！

　　此致
　　　　敬礼！
　　祝天下家长：
　　　　凯歌常奏，梦如心愿；
　　　　瑞气祥云，心随梦求。

张　华
2019年03月26日

CONTENTS 目录

- 自序   I
- 致天下父母的一封必读信   I

第一题　孩子内心富足的基础?
——儿童期心理营养的关键点

1. 人生心理发展的八阶段理论   2

2. 儿童期不可或缺的心理营养   7
儿童教育的七大关键期   7
儿童期的四大心理营养   8

3. 儿童依恋关系与家庭教育   13
依恋关系实验：陌生情境测验   13
依恋理论及对家庭教育的启示   15

4. 读懂孩子行为背后的秘密   17
孩子的问题行为不止于行为   17
读懂行为背后的心理秘密   18
训练与测验　亲子关系自评量表   21

第二题 爸爸向左 妈妈向右？
——家庭教育的一致性

▲1. 家庭教育不一致VS一致性　24
家庭教育不一致的四种类型　24
家庭教育并非要完全一致性　25
家庭教育不一致削弱教育效果　26

▲2. 家庭教育如何达成一致性应对　28
家庭教育一致性应对的基本准则　28
家庭教育不一致时的应对技巧　30

▲3. 夫妻吵架如何减少对孩子的伤害　33

▲4. 夫妻离婚如何减少对孩子的伤害　39
训练与测验　家庭教育一致性讨论哪些话题？　44

第三题 青出于蓝如何胜于蓝？
——家长言传身教的问题

▲1. 言传身教是最无痕的教育　46
言传更要身教　46

勿让"无心插柳"变成伤害　　47

▲ 2. 父母角色的影响是最好的言传身教　　50

父亲是孩子力量的支柱　　50
母亲是孩子安全的港湾　　52

▲ 3. 优秀家长最高层次的爱　　55

▲ 4. 父母要给孩子爱的"仪式感"　　60

仪式感就是对孩子的重视　　60
仪式感源于父母积极的创造　　61

第四题　情绪与理智的较量？
—— 儿童情绪管理与沟通

▲ 1. 做情绪引导型家长　　64

家长处理情绪的传统方式　　64
陪孩子在情绪体验中成长　　66

▲ 2. 孩子负面情绪的四步沟通法　　68

▲3. 常见情境下的儿童情绪管理　73

儿童情绪管理的前提条件　73
儿童情绪管理的常见情境　74
训练与测验　你是否是情绪引导型家长？　77

第五题　好孩子是怎么夸出来的？
—— 家长夸和赞的心理技巧

▲1. 家长夸与不夸，孩子人生大不同　80

避免孩子陷入"习得性无助"　80
夸出孩子截然不同的人生　82

▲2. 这样五种夸法，其实会伤害孩子　85

▲3. 夸赞孩子的正确时机和"公式"　89

夸赞孩子的恰当时机　89
夸赞孩子的四大"公式"　90

▲4. 正确欣赏孩子的三大实用操作法　93

第六题 输不起的孩子？
—— 儿童自主性培养和抗逆力训练

1. 训练孩子自主性的八大视角　98

2. 塑造孩子正向行为的三大技巧　103

3. 培养孩子责任意识的三点建议　109

4. 培养孩子耐挫力的四项修炼　112

训练与测验　儿童行为塑造实用工具——代币法　119

第七题 对孩子性教育如何"启口"？
—— 儿童性教育操作与实务

1. 家长在孩子性教育中的误区　122

解除家长对性的敏感性　122
儿童性教育的四大观念误区　123

2. 家长怎样对孩子进行性教育　126

何时开始对孩子性教育　126
如何开口对孩子性教育　127

▲ **3. 儿童性教育中八大"尴尬"问题**　　129

▲ **4. 儿童性猥亵的紧急应对和识别**　　136

　　训练与测验　儿童性教育中家长解除敏感性的训练　　141

| 第八题 | **家家都是"训练营"?**
——儿童基本能力的家庭日常化培养

▲ **1. 孩子观察力和注意力的家庭日常培养**　　144

▲ **2. 孩子记忆力的家庭日常培养**　　148

▲ **3. 孩子思维力的家庭日常培养**　　153

▲ **4. 孩子创造力的家庭日常培养**　　158

　　训练与测验　儿童基本能力日常化训练的意识提升　　163

"爱商"是亲和爱的幸福DNA　　165

"爱商"开给家长朋友们的"亲子心方"　　167

第一题

孩子内心富足的基础？

——儿童期心理营养的关键点

像身体需要营养一样，每个阶段的孩子，都需要相应的心理营养来奠定自己内心终生富足的基础。

孩子的问题不止于行为，许多看似有问题的行为背后充满了心理的秘密，就看家长能不能懂！

- 📁 人生心理发展的八阶段理论
- 📁 儿童期不可或缺的心理营养
- 📁 儿童依恋关系与家庭教育
- 📁 读懂儿童行为背后的秘密

1. 人生心理发展的八阶段理论

埃里克森是美国著名的发展心理学家和精神分析学家，提出人生心理发展的八个阶段。这些阶段包括四个童年阶段、一个青春期阶段和三个成年阶段。

在他的理论中，人的发展持续一生，每一个阶段中都存在着一种本质性的危机，如果这种危机解决得好，人就可以顺利地进入下一个阶段；如果这个危机没有解决好，就会产生心理健康的问题，妨碍后期人格的发展。

第一阶段　婴儿期（0—1岁）：基本信任VS不信任

这一阶段，尤其是生命的前几个月，婴儿的目标是建立对周围世界的基本信任感。如果得到较好的抚养并与母亲建立了良好的亲子关系，儿童将对周围世界产生信任感，否则将产生怀疑和不安。

信任在人格中形成了"希望"这一品质，具有信任感的儿童敢于希望，富有理想，具有强烈的未来导向；反之则不敢对未来怀有希望，活在惧怕中，时时担忧自己的需要得不到满足。

第二阶段　儿童期（1—3岁）：自主性VS羞怯和怀疑

在第二阶段，儿童迅速形成许多技能，比如爬、走、推、拉、抓握等，他们开始重复这些学会行为，从中得到快感。换句话说，儿童有了自己的意图，开始"有意志"地决定做什么或不做什么。

这时，如果我们允许孩子独立去做力所能及的事情，适当给予帮助和指导，并赞赏他们的进步和成功，宽容他们的幼稚和失败，那儿童就会有一个舒展的感觉，更加积极地自主探索，独立做自己的事情。

如果父母过分溺爱，或过度保护，以及过分严厉，并常常不公正地使用体罚，儿童就会感到怀疑和体验到羞怯。

如果这一阶段的危机成功地得到解决，就会形成自我控制和意志力的美德；如果危机不能成功地解决，就会形成自我疑虑。

第三阶段　学龄初期（3—6岁）：主动性VS内疚

到了第三阶段，儿童能进行各种具体的运动神经活动，知觉和肌肉运动更加精确化，也能够更准确地运用语言和更生动地运用想象力。这些技能使儿童萌发出各种思想、行为和幻想，以及规划未来的前景，比如长大了要做什么。

如果儿童的好奇心和主动性探索活动得到大人的鼓励，提出的大量幼稚问题也及时得到了大人耐心地解答，他就会有一种愉悦的感觉，主动性得到进一步提升，发展出一种自主的意识，形成"目的"的品德。而有目的品质的儿童，更富于想象力和创新性、主动性和进取心。

相反，如果父母对儿童的主动性活动进行了否定、压制，对孩子的自我创造、想象等进行挖苦、嘲笑甚至辱骂，就会使他们认为自己的游戏是不好的，自己提出的问题是笨拙的，致使儿童产生内疚感、挫败感甚至罪恶感。

随着儿童在前面三个阶段中所遇到的危机得到积极的解决，就获得了希望、意志和目的三个积极的品德。

第四阶段　学龄期（6—12岁）：勤奋VS自卑

这一阶段，儿童特别需要他人，尤其是家长、老师对儿童勤奋的鼓励。如果儿童的学习得不到这种认可，有些孩子就会对勤奋产生怀疑——认为勤奋对于自己是没有用的，并放弃了对勤奋的追求，形成丧失信心的自卑感。

也就是说，这一阶段的危机成功地得到解决，就会形成能力的美德。如果危机不能成功地解决，就会形成无能感。

根据埃里克森对儿童阶段心理发展的分析，可以看到，前四个阶段的心理社会危机都与自信心的建立有关，是儿童在整个发展阶段中所遇到的主要问题，其本质就是自信与自尊的建立。

如果是儿童在发展中获得了自信与自尊，那他也就会获得基本的信任感、自主性、主动性和勤奋等美德，他的一生也会变得完整和健康。

第五阶段　青春期（12—18岁）：自我同一性VS角色混乱

这个阶段的孩子开始体会到自我概念问题的困扰，即开始考虑"我是谁"这一问题，体验着角色统一与角色混乱的冲突。

"同一性"是"一种熟悉自身的感觉，一种'知道个人未来目标'的感觉，一种从他信赖的人们中获得所期待的认可的内在自信"。

埃里克森特别重视本阶段，认为儿童到了青年期，生理上已趋成熟，人格的各方面需要重新加以整合。既为先前各阶段遗留下来的问题寻求最终的解决，又要自觉地与成人处于平等地位，在心理上积极准备着走向未来。

第六阶段　成年早期（18—25岁）：亲密VS孤独

只有具有牢固自我同一性的青年人，才敢于冒与他人发生亲密关系的风险，因为与他人发生爱的关系，就是把自己的同一性与他人的同一性发生融合。

与他人同一性的融合，意味着需要付出，需要放弃或损失一些东西。在这个时期，需要学会与各种人相处，不管你是否喜欢别人。能与他人建立亲密关系的人，才能在恋爱中建立真正的亲密关系。否则，没有亲密能力的人会退回自己的小天地，就形成了孤立感、孤独感。

如果这一阶段的危机成功地得到解决，就会形成爱的美德；如果危机不能成功地解决，就会形成混乱的两性关系。

第七阶段　成年期（25—65岁）：繁殖VS自我专注

埃里克森认为，如果一个人能很幸运地形成积极的同一性，过上富有成效的幸福生活，那么他就会力图把产生这些东西的环境条件传递给下一代。这可以通过与儿童（不一定是自己的孩子）直接交往，通过生产或创造能提高下一代生活水平的东西来实现。

这里的繁殖不仅是指个人的生殖力，而主要是指对下一代的关切。有些人从未做过父母，但也深切关怀着下一代的成长，从而丰富了在感情上成熟的人格。

这一阶段发展不了的人往往是自己童年充满挫折和空虚的人，这些人往往也没有建立起自我同一性，他们不懂得怎样去关心孩子。表现为有些人以孩子和家庭的名义，埋头于工作，一味追求事业上的成就；有些人过度"自我专注"，只顾及自我的感受，即使有创造，其目的也完全是为了自己的利益。

这类人往往缺乏共情能力，不关心他人的疾苦，内心存在固着或停滞，专注于自我感受，自恋而不自知。没有产生繁殖感的人是以"停滞和人际贫乏"为特征的。

第八阶段　成熟期（65岁以上）：自我完整VS失望

这个阶段发生在六十五岁到死亡这段时间里，称为成年晚期，或老年期、成熟期。这是获得圆满感，避免失望感的阶段。

前面七个阶段都能顺利度过的人，在回忆过去时，感觉一生很充实，生活幸福，对社会有所贡献，感到活得有价值，生活得很有意义，能接受自我，正视人生的必然归途。这种人相对可以正视死亡将要来临的事实，产生一种整合感。

相反，在回忆过去时，感觉一生无所建树，理想未竟，就会感到失望，并对自己厌恶和鄙视，有太多的遗憾和后悔，他们不愿意接受死亡的来临，产生一种绝望感。

一个人能否坦然地面对死亡表明他人格是否成熟，只有人格成熟的人才能获得一种超脱的智慧感。

埃里克森的理论告诉我们，在每一个心理阶段中，都包括了积极与消极两方面的对立冲突。它向我们指明每个人为什么会成为现在这个样子；我们的心理品质那些是积极的，那些是消极的；多是在那个年龄段形成的。

八阶段理论为不同年龄段的教育提供了依据和方向，为我们提供反思的基础，同时也说明任何年龄段的教育失误，都会给一个人的终生发展造成障碍。

2. 儿童期不可或缺的心理营养

儿童教育的七大关键期

儿童成长到了某一特定时期，会对一定事物或活动表现出强烈的兴趣。这一敏感期的出现是儿童学习知识、掌握技能、形成习惯最容易、最迅速的时期，同时也是教育的最佳时机和关键期。

儿童每一阶段关键期的出现，都是他生长发育、身心发展的需要。而一旦错过这一时期，敏感性便会消失，而且不再出现，具有不可逆性。

感官关键期（0—6岁）

孩子从出生起，会借着听觉、视觉、味觉、触觉、嗅觉的感官来熟悉环境，了解事物。因此在这个年龄段里，我们要让孩子充分聆听、触摸、观察、尝嗅……多刺激孩子的感官，引导孩子增长智慧。

形象视学发展的关键期（4岁以前）

这个时期儿童的形象视觉发展最迅速。这时候的孩子，一般喜欢"上公园""出去玩"，这是因为那里有丰富的室外自然风光、鲜明的画面。这时，除了多带孩子进行户外活动，接触丰富多彩的世界之外，在室内的时候，还要给他多看图画书、动画片等，开阔孩子的视野。

音乐才能发展的关键期（3—5岁）

如果要培养孩子的音乐智能，一定不要错过3—5岁的音乐智能关键期，可以让孩子多听听古今中外名曲，多参加一些音乐活动。

语言关键期（3—6岁）

这个年龄段是孩子学习口头语言的关键期，这个时候，父母要经常跟孩子说话、讲故事、提问，鼓励孩子多说，促进孩子的理解和表达能力。

规矩建立关键期（2—6岁）

2岁到6岁是教孩子知晓、做到有规矩的关键期。在这个时期，父母应逐渐引导孩子脱离以自我为中心，多与别的孩子交朋友。这时父母应与孩子建立明确的生活规范、日常礼仪，训练他们自律的能力，以便以后适应社会规范。

想象力关键期（2—8岁）

这个时期，家长要让孩子多听他们喜欢的童话和科学幻想故事，多看图画，多看动画片、科幻片等。在积累了一定的知识后，可以让孩子看画编故事，或续故事，或与家长轮流讲故事，以提高孩子的想象力、创造力。

黄金阅读期（8—14岁）

8—10岁，由于孩子已经大量识字，经历了幼儿期识字，由图向文字的转变，初步建立阅读兴趣的基础等过程，这时进入自由流畅阅读的阶段，成了他一生中最重要的黄金阅读期。如果错过了这一时期的大量阅读，将会给孩子的成长造成难以弥补的缺憾。

这个时期对于大多数中国孩子来说，主要在8—14岁，具体依据每个人的教育环境、个性喜好等条件的不同而不同。

儿童期的四大心理营养

像身体需要营养一样，每个阶段的孩子，都需要相应的心理营养来满足自己的心理需要。孩子得到充足的心理营养后，自然会有好的状态去学习和成长；但如果"营养不良"，会一直处于寻找状态，焦虑、不自信、没有安全感，直到他能够寻获那个缺失的心理营养为止。

心理营养一：安全感（0—3岁）

在0—3岁这个年龄段里，孩子最需要的心理营养是安全感。

孩子渴了，及时给倒水；拉了屎了，及时给到清理；冷了热了，及时加减衣服和被子……对于暂时听不懂、说不了的孩子来说，这就是最基本的安全感。

多多用心地陪陪他、抱抱他，在开心和哭闹的时候亲亲他、摸摸他……这些肢体的互动和触摸，就是对孩子最大的心灵抚慰，就是最安全的爱。

妈妈能让自己情绪稳定，遇事不焦虑、慌乱，心平气和；爸爸能支持和陪伴妈妈照顾孩子，减少夫妻的冲突，家庭和睦……这就是孩子安全感的最大基础。

……

比如，孩子在生理上刚开始会走时，如果我们做父母的懂得支持他去冒险，在得到支持和照顾的情况下，孩子便会获得实际安全感和心理安全感。这样的孩子长大通常不会怕陌生人，并且愿意去尝试和探险，因为他知道那里安全那里危险。

相反，诸如孩子3岁前经历了父母争吵离异、频繁更换抚养人、频繁更换生活地点等事件，都容易对孩子的安全感造成损害。

在安全感建立这件事情上，妈妈的作用大过爸爸，主要是因为在孩子婴幼时候，妈妈是孩子的主要照顾者，喂奶、抚慰、断奶、分离等主要的事件也都和妈妈密切相关。所以，这个时期妈妈的状态稳定，是孩子安全感的重要来源。

心理营养二：肯定和认同（3—6岁）

在3岁以后，有了语言的交流，尤其慢慢有了"我"这个意识时，孩子非常需要的心理营养便是肯定和认同。

因为一个"客观的我"出现后，孩子就会开始探索"我是谁？""我是可爱的吗？""我是有价值的吗？"……

得到家长足够的肯定和认同，孩子才更容易建立自信，认为自己有价值，他就会有一个"新的我"，并且明白"我是谁"，然后有信心去面对他的人生，面对人生中的各种问题、难题。

在本阶段肯定和认同这个营养上，父亲的重要性要大过母亲。父亲可以说是孩子自信心的来源。父亲善于对孩子肯定和认同，不管对儿子还是女儿，分量都特别重。这样的做法是孩子心理上的定海神针，他们长大后会变得有底气，遇到挫折时有力量去面对。

父亲可以给孩子去说："孩子，我很喜欢你，我非常高兴你是我的孩子！""孩子，需要我时，我就在你的身边，大胆去行动！""孩子，我允许你犯错！"如此等等，这样的话孩子会记得一生，并且开心一辈子。

如果家里是女儿，可以告诉女儿："我很高兴你是我的女儿，你的……真好，像你妈妈一样！"这是一种肯定的同时，也实现了对女儿性别的认同感，这是母亲表达所不能取代的。

如果是儿子，可以告诉他："你是我的好儿子，尤其……这一点特别像我！"肯定的同时，也在对他表达男性认同的部分。

心理营养三：好模范（6—7岁）

这个营养点主要是在提醒家长，孩子这时最需要的是有个好模范。因为这个时期他们模仿能力极强，也会努力去模仿熟悉的一切。

记住，他未必模仿最正确的，但会去模仿最熟悉的！

被模仿的模范可以帮助孩子解决：当我碰到问题时，我怎么办？如果我心情不好，我怎么办？我与别人的意见不同，我怎么办？孩子需要学习，而这份学习来源于一个模范。

对于孩子来说,这个模范最好是,也必然是父母。我们要多和孩子在一起相处,起到家庭模范作用,这样利于孩子适时地学会如何处理生活上的难题,如何处理人际关系,如何处理情绪等。

心理营养四:信任和放手(7—12岁)

7岁以后孩子最需要的心理营养是尊重、信任和放手,家长能够让孩子自由做选择。

我们对孩子的爱害怕放手,除了不舍得、不甘心之外,就是因为不够信任、害怕失去。但孩子过了7岁,对孩子的爱就是以分离为目的的。

我们先看这么一个故事:

> 有一年秋天,一群天鹅来到天鹅湖的一个小岛上。它们从遥远的北方飞来,准备去南方过冬。岛上住着老渔夫和他的妻子,见到这群天外来客,非常高兴,拿出喂鸡的饲料和打来的小鱼精心喂养天鹅。
>
> 冬天来了,这群天鹅竟然没有继续南飞。湖面封冻,它们无法获取食物,老夫妇就敞开茅屋让它们在屋子里取暖并给它们喂食,直到第二年春天湖面解冻。日复一日,年复一年,每年冬天,这对老夫妇都这样奉献着他们的爱心。
>
> 终于有一年,他们老了,离开了小岛,天鹅也从此消失了。可它们不是飞向了南方,而是在第二年湖面封冻期间饿死了。

故事中渔夫夫妇像爱自己的子女一样对天鹅百般呵护,管吃管住,而且是"日复一日,年复一年"地奉献着爱心。我们不禁要感叹了:"多好的一对夫妇,多么幸运的天鹅!"

然而，天鹅悲惨的结局正是告诉大家，渔夫夫妇这种爱，使天鹅沉溺在悠闲安逸的生活中，养成了惰性，丧失了生活的本能和生存的基础，无法再适应环境，最终被变化了的环境所吞没！

苏联教育心理学家维果斯基提出过一个非常有名的心理学概念——脚手架理论。即，孩子在构建自己的知识和能力体系的过程中，父母的引导和帮助就像脚手支架一样必不可少，而当孩子能够独立完成这项任务的时候，就要将"脚手架"移走，让孩子学会独立完成后面的工作。

这就如同说，孩子不会走路时，用学步车教他当然很好；而当他自己能跑了，还要让学步车困住他的手脚，那这样的保护还有意义吗？孩子还能够自由奔跑，独立面对世界吗？

永远记住，有一种爱叫"放手"！

孩子在12岁之前如果缺失心理营养，那在青春期阶段往往是渴求最强烈，也是最容易集中爆发的年龄。这仍然需要我们做家长的去接纳、理解、倾听、欣赏、支持孩子，毕竟这也是留给父母最后的黄金机会，因为从此以后只能靠他们自己给自己补充心理营养，为自己的生命去负责了。

3. 儿童依恋关系与家庭教育

心理学研究认为，每个人都有依附那些具有支持和保护作用的他人的需要，这种情感的依附就是依恋。依恋会表现在亲人之间、爱人之间，尤其在婴幼儿时期儿童和养育者之间。

"孩子同其主要照料者间的最初关系构成了以后所有关系的起点。"

研究发现，儿童期孩子身上表现出来的依恋特征，成年以后仍然会显露出来。也就是说，儿童期依恋关系的好坏会影响成人以后的生活，对个体人际关系、爱的能力、人格健康等方面产生的重要影响。

依恋关系实验：陌生情境测验

发展心理学家设计了一种被称为"陌生情境"的实验过程，以观察人类母亲和儿童间的依恋关系。

实验中，儿童被放置在一个玩具活动室进行20分钟的游戏，并使照看者及陌生人进出房间，从而再现大多数儿童在生活中会遇到的熟人、陌生人情境变换。

（1）与母亲一起留在游戏室。
（2）陌生人进来，加入他们。
（3）母亲离开，留下孩子与陌生人留在房间。
（4）母亲回来，陌生人离开，母亲和孩子在一起。
（5）母亲离开，留下孩子单独待在房间。
（6）陌生人返回房间，与孩子一起留在房间。

（7）母亲返回，与孩子重聚。

在这个过程中，对儿童从事的探索行为（即玩新玩具）与对母亲行为的反应两个方面进行观察。根据实验以及后续追踪研究的结果，可把儿童的行为反应分为四类，即四种依恋类型：

安全型依恋
安全依恋于母亲的儿童，当母亲在场时，会自由地进行探索、与陌生人打交道；在母亲离开时会表现得心烦意乱，陌生人无法安慰他们；在看到母亲返回时会扑向妈妈的怀里，但是，他们能够很快平静下来继续玩玩具。

焦虑——矛盾型非安全依恋
焦虑——矛盾型依恋的儿童，对陌生人极其焦虑，即使母亲在场也是这样，他们紧紧靠近母亲，也不怎么去探索各种玩具。母亲的离开让他们极端沮丧；母亲返回时他们会表现出矛盾心态：一方面寻求保持与母亲的亲密；另一个方面，在母亲开始关注/亲近时进行抵抗。

焦虑——回避型非安全依恋
焦虑——回避型依恋的儿童，在母亲离开或返回时几乎没有情感反应。无论是什么人在场，儿童都很少有探索行为。对待陌生人及母亲的态度没有什么不同，在母亲离开期间如果他们有焦虑的表现，陌生人对他们的安慰效果等同于母亲。当母亲回来的时候，他们眼睛/身体会转开，不冲着妈妈，不主动去寻求安慰。

紊乱型
这个类型的孩子最不安全。妈妈在时，孩子也会表现得无所适从，比较茫然，得到妈妈的安抚后也会大哭或冷漠。这类孩子缺乏一贯的方法来应对陌生人带来的压力，他们和母亲互动的体验可能是无规律的，无法形成连贯/一致的互动模式。

依恋理论及对家庭教育的启示

从四种依恋类型中儿童的表现，我们能够很清楚地看出，孩子会有如此的表现，与家庭教育中亲近者（尤其父母）的互动方式紧密相关。

如果父母对孩子的需要很关注，态度积极；与孩子经常有互动，一起做相同的事，一起笑、一起做动作，能经常激励孩子，并为他们的活动提供情绪支持，那这样的家庭环境下的孩子必然容易形成安全型依恋关系。

心理学研究者认为，当母亲可以亲近、能够以响应和适宜的方式满足孩子的需要时，他们就会形成安全依恋型。

如果父母之间的教养方式都不一致，对孩子时而热情时而冷淡。那孩子对父母这样的态度和方式会容易感到绝望，为了获得父母的爱，他们要么黏住父母，要么哭闹，如果一切努力都无效的话，他们就会变得愤怒、怨恨。这样的孩子自然就容易形成焦虑——矛盾型非安全依恋。

如果父母对孩子不敏感，表现消极，很少满足孩子的需求，自己也很少从与孩子的亲密接触中获得乐趣；或者，父母对待孩子过分热情，刺激过度，经常对他们喋喋不休，强行给孩子制造某些需要，让他们不堪其扰。那这样的孩子也自然容易形成焦虑——回避型非安全依恋。

如果父母对孩子过度忽视，或者干脆对他们有身体上的虐待，甚至这些父母都患有严重的抑郁、焦虑等情绪类疾病，在这些超级不安全的影响因素下，孩子自然很难形成连贯、稳定的依恋模式。

所以从安全依恋养成的过程来看，家庭教育中最重要的是使儿童觉得自

家长成长的心理及格线

己处在一个安全的环境之中,自己得到了家长的积极关注,自己发出的信号得到了家长的响应。儿童正是在与家长的互动中形成了对自己的镜像认识,发现自己是可爱的,或者重要的结论。

因此,为了让孩子获得更安全的依恋关系,我们应在家庭教育中努力做好如下方面:

第一,要及时满足小孩子各种合理的需要,当孩子发出相关信号时,家长能正确理解,给予敏感的反应。

比如当孩子哭时,养育者能迅速地根据哭声做出判断,尿布湿了?还是想要与人交流?从而采取恰当的行动;孩子有进食的需要时,能合理喂养,让小孩子在轻松、愉快的环境下进食,减少强迫进行;孩子有独立探索的需要,父母少加行为干涉……

第二,多与小孩子身体接触,提供丰富的触觉、视觉、听觉等感官刺激,进行积极的情感交流。比如拥抱、抚摸、亲吻,以温柔愉快的声音与孩子交谈,并伴以微笑。

第三,保持家长与孩子稳定的抚养关系,不要经常更换养育者;并且养育者对自己的养育方式和行为也要有一个明确的觉察,尽量保持养育的系统性、连贯性和一致性。

特别是主要养育人,尤其不要突然更换。必须更换时一定要给孩子一个适应过程,且养育方式不要发生太大改变,以免引起孩子过分的焦虑。

第四,家长要主动调节自己的行动以适应儿童的心理发展规律,而不是把自己的行为习惯强加给儿童。大人应该经常关心孩子在做什么?要做什么?了解他们的愿望和要求,而不是按照自己的愿望和要求安排孩子的生活。

第五,对家长本身的特质,也应该有一定的要求,就是家长本身最好是安全依恋型的人。若不是,要对自己的心理成长有一定的认识和渴求。更何况,非安全依恋者的人格特质,也很容易使养育过程向非安全依恋模式发展。

4. 读懂孩子行为背后的秘密

孩子的问题行为不止于行为

我们先看两个案例：

案例一：

　　一个4岁半的女孩经常有事没事将家里小汽车、布娃娃等玩具到处扔，还经常往墙上砸，也会无故打小弟弟。总之喜怒无常、行为退缩、沉默寡言，没有一般幼儿所具有的生气和活力。

　　有一天，同她耐心辅导后她说出：这个小汽车就像是爸爸，因为爸爸开车；这个大娃娃是妈妈；猪娃娃乔治是弟弟；放在角落里的一个猪娃娃佩奇是自己。爸爸妈妈自从有了弟弟就不喜欢自己了。

案例二：

　　母女二人去逛街，琳琅满目的商品，妈妈看得乐不思蜀，可是女孩却一直拉妈妈的裙子，说："妈妈，妈妈，我们回去看动画片吧？"

　　妈妈说："为什么啊？逛街不比在家里好吗？你看有这么多的好东东！"

　　女孩继续说，妈妈继续逛。

　　后来，女孩终于忍不住哭了。妈妈很生气，蹲下来一边说："你看有这么多的好东东……"一转脸，原来在孩子的视线高度，看到的满满都是屁股……

当我们看到一个孩子表现出某种行为，尤其是问题行为时，很多家长往往会第一时间纠正或批评教育，可我们是否懂得，孩子行为不止于"犯错"的行为，而且家长所看到的也不同于孩子的视野和高度。

在儿童心理问题领域里，问题行为主要体现在三个方面：

外在的行为方面，表现为行为极端、注意力欠缺、不愿上学、学习困难、上网、危险行为等。

具体表现：离群独处，不与同年龄小朋友一起玩，沉默少语、少动，精神不集中，或过分活跃，暴力倾向，说谎，偷东西，厌学与逃学，强迫行为，迷恋手机、网络成瘾，逆反，早恋，自杀、自伤等。

内在的情绪方面，表现为恐惧、焦虑、抑郁等。

具体表现：情绪波动大，好发脾气，违拗，嫉妒心强，敌意，想轻生，认为活着没有意思，兴趣减少或多变。

引发的生理方面，表现为躯体症状、心身疾病、疑病、疑丑等。

具体表现：头部、腹部疼痛，恶心、呕吐、厌食或贪食，早醒，入睡困难，耳鸣，尿频，甚至全身不适（但躯体检查未发现躯体疾病），注重相貌、身高、体重等。

读懂行为背后的心理秘密

再看一个例子：

> 小强小朋友在幼儿园经常尿裤子，但是回到家里从不这样，老师感到很奇怪。家长虽然很生气，却也一直觉得尿裤子很正常，并没当回事。
>
> 就这样的情况持续了大半年。家长终于忍受不住了，带孩子寻求心

理辅导。

从带孩子来的奶奶口中了解到，孩子的父母离异，父亲不允许妈妈来看孩子；孩子回到家里会经常说到"老师像妈妈"。

当重点问及为什么在幼儿园尿裤子的时候，小强说：老师给他换裤子的时候抱着他，妈妈以前也是这样的。

案例中，孩子是用尿裤子来换取在妈妈怀抱里得到的暂时的温暖，以此来满足自己爱的需求。

因此，我们家长需要对儿童行为背后的问题做些思考：

（1）儿童心理问题存在特殊性

儿童多为父母带领求助，很少主动求助，因此在问题判定上很大程度取决于家长对儿童情绪、行为等多方面心理表现的认识。

对所谓"异常行为"的容忍程度，家长也带有很强的主观性和片面性。因此对儿童心理健康教育的普及宣传极为重要，毕竟预防大于治疗。

（2）儿童心理问题多以躯体化、行动化方式来表达

儿童由于语言发展有限，难用言语准确表达想法和感受。年龄越小的孩子，其内心世界越是由感受及对感受的反应构成，被动地反应生活环境变化（如离婚、搬迁、换校等），无力采取行动来消除，所以他们便用躯体化、行动化方式来表达内心世界里的苦恼。

（3）儿童心理问题多是正常发展过程中的偏离

儿童心身发展因为快而不平衡，所以具有很强可塑性；但同时，也缺乏稳定性。所以，很多孩子的行为失调可能是对家庭关系、人际关系、生活环

境变化的偶然反应，看似有问题的行为只是正常发展过程中的偏离。

作为家长，我们在应对与处理孩子问题的时候，首先，要以发展的眼光看问题，儿童期心理不稳定容易出现问题，但因为是过渡性的，处理得当的话恢复也快。

其次，要多培养孩子用言语来表达内在心理，减少其以躯体化、动作化反映心理冲突的行为，相对严重的需要通过医疗卫生系统与躯体治疗相结合。

最后，我们家长要多主动配合，把家庭关系的调整放在最关键的位置，根据不同的应激变化做出有针对性的处理；还要争取多方合作，对于已入学儿童，积极实现校方与家庭的联动。

训练与测验 亲子关系自评量表

指导语：

请在每一问题的（　　）中，根据问题所描述情况的符合度，填入适当的数字。请父母先作答，并计分，再由孩子作答。然后比较两者的差异。

1—很不符合，2—不符合，3—尚符合，4—符合，5—非常符合。

1. 不管我的工作或生活再忙碌，每一天我都会留一些时间给子女。（　　）
2. 我能经常保持愉快的心情和孩子相处。（　　）
3. 我认为孩子是有理性的，能自己面对和解决问题。（　　）
4. 和孩子对话时，我甚少使用"你应该…""你最好…否则…""你再不…我就…"的语气和孩子交谈。（　　）
5. 我觉得孩子能快乐地生活，比成绩好更重要。（　　）
6. 我觉得孩子犯错和惹麻烦是成长必经的过程。（　　）
7. 孩子说话时，我能耐心专注地听完。（　　）
8. 我能经常和孩子有亲密的接触（如摸头、拍肩、拍手、相互拥抱…）。（　　）
9. 即使孩子犯了错，我也不会因此就认为他（她）是个坏孩子。（　　）
10. 我经常给自己和孩子充裕的时间，避免催促孩子。（　　）
11. 不论孩子发生什么事，我都能以孩子的立场，分享孩子内心的感受。（　　）
12. 亲子间有冲突时，我不认为一定是孩子的错。（　　）
13. 我能给孩子充分的自主空间，决定自己的事。（　　）

14. 我要求孩子做的事情，我自己都能做到。（   ）

15. 我答应孩子的事情，我一定都会履行。（   ）

16. 我与孩子谈话时，我能了解孩子内心真正的感受。（   ）

17. 我了解孩子内心的喜好和厌恶。（   ）

18. 孩子愿意主动告诉我，他（她）在外面发生的事情和内心感受。（   ）

19. 和孩子谈完话，我甚少批评或指责孩子的想法。（   ）

20. 我满意我目前的家庭和孩子的状况。（   ）

计分方法：将（   ）中的数字全部加起来，即得到本评量表的总分。

应用原则：

1. 做完测验后，请安排一个温馨的情境，亲子共同讨论与分享。特别是亲子间的回答有明显落差的问题，更要彼此坦诚讨论，借此减少彼此期待间的落差。

2. 若总分在60分以下，表示亲子关系已有了危机，须马上调整；若总分在60～80分之间，表示亲子相处还算良好，但是还可以更好；若总分在80分以上，恭喜，亲子关系很好，请继续保持下去。

第二题

爸爸向左　妈妈向右？

——家庭教育的一致性

家庭教育不一致本身不是问题，问题是当教育的不一致出现时，该如何应对？

长期的家庭教育不一致往往导致夫妻吵架和离婚。对此，家长如何做到高质量，尽可能减少对孩子的伤害？

- 家庭教育不一致VS一致性
- 家庭教育如何达成一致性应对
- 夫妻吵架如何减少对孩子的伤害
- 夫妻离婚如何减少对孩子的伤害

1. 家庭教育不一致VS一致性

家庭教育不一致的四种类型

日常中不断地听到很多因孩子教育上不一致而冲突激烈的家庭，甚至因此婚姻破裂！但，家庭教育的不一致绝非只是"爸爸向左，妈妈向右"地出现在父母之间，我做了下总结，这里的不一致至少应包括四种类型：

（1）父母之间的教育不一致

指作为孩子成长中接触最直接、最紧密，作用也最重大的两个角色——父母亲之间，通常出现的各种教育差异。

比如，一个希望孩子多学点兴趣班，一个希望孩子多轻松快乐，从而不一致甚至对立的局面。

（2）父母和长辈之间的教育不一致

指孩子的父母与其他长辈之间，尤其是与爷爷奶奶、外公外婆这一代人之间的不一致。

比如，天冷了，长辈们的态度都是希望孩子多穿点，唯恐冻着，棉衣一层又一层；而年轻一代的父母，可能主张买些羊毛的，虽然不厚，但却精致漂亮。当然也包括在吃饭、零食等问题上的多重不同意见，尤其再夹杂隔代教养问题在里边，关系就更复杂了，极容易招致冲突。

（3）家庭和学校之间的教育不一致

进入幼儿园、小学后，孩子开始了迈出社会化的第一步。孩子来自老师和校方的规矩化教育，很容易同来自家庭的爱的教育甚至溺爱之间产生冲突，致使孩子在学校与在家是完全不同的两种表现方式。

（4）家长自己前后教育的不一致

这是被很多家长忽视和不大觉得是问题的问题。

比如，昨天晚上孩子陪大人出去家庭聚餐，回家晚了，孩子给母亲说"今天睡得晚了"，这时母亲回应是"没事"；第二天，孩子贪玩又睡晚了，母亲大发雷霆，说："你怎么能这么晚不睡！"

这时孩子内心就冲突啦："母亲这是怎么了，不是昨天还说晚点没事吗？今天怎么又那么生气呢！"在大人眼里当然知道，昨天可以睡得晚因为是个例外，所以没事；今天就该早睡了。可这在孩子的视角里却是前后的不一致。

家庭教育并非要完全一致性

这里，我首先要亮明一下观点，那就是，家庭教育并非要完全一致才是科学和正确的。

在一定意义上，观点的不一致和冲突，尤其是发生在重要的人之间，会让孩子看到事物本身的多面性和应对的丰富性，也给了孩子学习应对各种冲突的机会和能力，学会有弹性地应对生活。

允许差异的存在，会极大地促成孩子人格的灵活性，孩子长大以后也不会变成一个在小事情上过度较真的人。

比如，夫妻两人在态度、性格、观点等方面的差异，恰巧给了孩子一个可以回旋的空间，在不知不觉间练就了察言观色、灵活应对的本领，这本身也是情商高的表现，因为孩子未来要面对的世界也永远存在各种不一致和差异感。

况且，但凡有人的地方，就永远不可能存在完全的一致性。因为每个人的经历不同，比如受教育程度不同、从小的家庭环境差异等，这样两个来自不同家庭的人组成的朝夕相处的夫妻，可想而知，差异化必然存在。

比如，老公在贫困家庭中长大，所以肯吃苦、讲节约；老婆生活在优越的环境里，出手大方，追求舒适。他们本身都没错，而且两人也会因为彼此这份差异而更加相互吸引。结婚生活在一起后，尤其有了孩子，这一切的不同就会在孩子身上有所体现。

老公会被认为是抠门、小气，老婆会被认为败家、浪费。那这种不一致到底该谁来迁就谁呢？事实上，谁的人格更健康、强大，谁就更能在达不成一致的时候接纳和包容对方的观点。

家庭教育不一致削弱教育效果

虽然家庭教育不一致有不一致的"好处"，但不可否认，更多时候家长却因此大大地削弱了教育的效果，甚至影响孩子的心理健康，深深地伤害了孩子。

比如，都是为了爱孩子，一个要管，主张对孩子严格；一个要放，主张给孩子空间，这种分歧会给孩子造成教育的真空，孩子出于本能的自我保护心理，他会进行选择，会利用父母的不一致去寻找有利于自己的一方。

也就是说，谁护着自己，他就倾向谁：在一方那里受了管教就跑到另一方去诉苦；在一方受了惩罚，就跑到另一方那里去讨爱，阳奉阴违，在这种气氛中成长的孩子很容易形成两面性。

尤其很多家庭中夫妻二人故意分别在孩子面前扮演黑脸、红脸，一个要打，一个使命护着；有吓唬的，有哄的，以为是最有效的教育方法，实则是大错特错。

  这样教育下的孩子问题很多：在父亲面前极其乖顺，是乖宝宝；在母亲面前，极其固执，各种闹腾，为所欲为。所谓的听话都是假象而已，乖与不乖完全取决于父亲是不是在场。到头来甚至还把在父亲那里积压的怨气，变本加厉的发泄在母亲身上，恶性循环不断。

  这样的孩子，长大了会怎么样？欺软怕硬？是非不分？不讲理？最可怕的是，他可能会对黑脸一方充满叛逆和怨恨，然而又看不起红脸的亲人，成为一个心灵没有依靠的人。情况严重的甚至会造成孩子的双重人格。

  孩子毕竟年龄小，他的是非判断标准多来自成人，尤其是父母。当父母产生分歧时，他往往会觉得胜利一方或者帮助自己的一方就是正确的，而事实上也许并非如此。长此以往，小孩的是非观会变得模糊，甚至颠倒，无所适从，更谈不上有意识地改正自己的行为。

  相反，如果教育相对保持一致，孩子就会知道自己正确与否，并学会在新的环境中继续正确行为，停止或改正不良行为，从而发展出自我控制能力，变得越来越健全和优秀。

2. 家庭教育如何达成一致性应对

家庭教育一致性应对的基本准则

欣欣和阿勇结婚八年,孩子小飞七岁,小学一年级;夫妻双方都是朝九晚五的上班族。

一天欣欣接小飞放学回家,到家后欣欣要忙着做饭,让小飞赶紧把作业做好。大概过了半个小时左右,能干的欣欣就把饭菜端上桌,叫父子二人来吃饭。

欣欣问小飞:"作业做完了吗?"

小飞说:"没有。"

欣欣去检查小飞的作业本,没想到小飞一个字都没写。欣欣很生气,问小飞:"为什么不写作业?"

小飞说:"作业太多了不想写。"

欣欣对小飞说:"就是因为作业多才要赶紧写啊,今天要是写不完,明天怎么跟老师交代,老师不但要骂你还要点名批评我们,我可不想跟着你一起丢脸!快写,做不好还吃什么饭?今天作业做不完全家都别吃饭了!"

这时父亲阿勇发话了,说:"孩子写作业是孩子自己的事情,不能天天一直监督着才学习吧,他写不好让他明天自己去接受老师的批评好了。"

感觉还没说过瘾,阿勇接着说:"再说了他不做作业怎么了?老师还能把他吃了?整天一小点儿事就瞎嚷嚷,简直就是个疯女人,饭都不让我们吃,想饿死我们啊……"

欣欣一听火冒三丈,一把将筷子摔在地上,扯着嗓子同阿勇吵成一团……

第二题　爸爸向左　妈妈向右？——家庭教育的一致性

旁边的小飞看到父亲母亲又吵成这个样子，一边大哭一边说：

"爸爸妈妈别吵了，都是我不好，我不该觉得作业多就不写……妈妈别生气，我好好写作业了，你们不要再吵了……"

事实上，家庭教育不一致本身没有绝对的对错，在涉及双方都很在乎的孩子问题上，有差异和冲突才是正常的。最关键的点在于，当面对众多不一致的时候，家长是如何应对的？有没有做及时的澄清和沟通？最终能否达成一致的应对方式……这些才是重中之重。

这里针对家长，我提三个基本的准则：

一是，家长要在加强自我学习的基础上，多就孩子教育相关问题做一些事前沟通，最好能达成基本一致。

比如上述案例中，有关孩子学习的问题到底用看管式监督，还是信任式放手？怎么给孩子培养独立学习的习惯等。

当然，这需要选择孩子不在场的时候，双方平静的情况下尽可能详细地讨论，预想未来各种可能情况下大家所希望的方式和路径，以谁为主的问题。

二是，一旦做过事前讨论，事情发生的当时，一方在处理的时候，只要没有太大偏差，另一方都需要予以支持。

哪怕意见大有不同，也要等事后孩子不在场的时候再私下讨论，决不能各唱各的调，更不可以背着另一方在孩子面前去做"好人""评论者"。切记，这种"好人"是以换来孩子诸多的问题为代价的。

三是，随着孩子年龄的增长，要懂得越来越多地让孩子参与进来，听取孩子的内心意见。

三口之家去超市给孩子买东西，爸爸说要给孩子买变形金刚（价格200元），妈妈不同意，说要买洋娃娃（价格180元），结果两个人争论不休没有结果……

售货员说你们不要争论了，还是问问孩子吧。结果孩子说他喜欢小喇叭（价格15元）……

家庭教育不一致时的应对技巧

在孩子比较幼小的时候，面对家庭教育，我们首先要考虑的是家长之间先沟通，取得共识之后再跟孩子交流。父母需要一致向孩子传递一种信号或一种说法：父亲母亲一致认为这样做是对的。

而对于比较大一点的孩子，比如3岁以后，尤其是进入青春期后，我们首先要考虑的则是与孩子以协商的方式先沟通。

大人爱孩子，可以摆出一百条为孩子好的理由行动，要求孩子只需要照做，却很少把孩子当作一个独立的人去尊重，担心他们有困难、怕他们冷着、怕他们饿着、怕他们受伤害，那一刻唯独没有问过真正的当事人——孩子的真实感受和意愿。

比如，奶奶花很长时间做了红烧肉给孙女，饭桌上母亲只盯着让孩子多吃青菜，甚至建议孩子少吃红烧肉，孩子多吃或少吃似乎都很难让所有人满意，父亲夹在中间没法说话很为难。面对这样的不一致，我们家长该怎么应对呢？

借这个例子，我来讲解一下面对家庭教育不一致时的应对步骤，最好的解决方式是：懂得告诉孩子真相，了解孩子的感受，相信孩子的判断，尊重孩子的选择。

第一步，要像尊重大人一样理解孩子的感受，澄清实际的现状，告诉孩子真相，倾听他们的心声。

我们要引导孩子，世界上的每个人都是与众不同的，所以大家的意见和

第二题 爸爸向左 妈妈向右？——家庭教育的一致性

想法也会产生不同，即使作为小孩子，也会有自己的想法。大胆表达出来很正常，毕竟家长的出发点都是以孩子能快乐、健康地成长为前提的。当然我们也可以直接告诉孩子我们的为难和困境：

"奶奶让你吃肉是希望你营养丰富，妈妈不让你吃肉是怕你太偏食，爸爸知道你是个懂事的孩子，心里既不希望妈妈生气，又不想奶奶失望，爸爸看得出你现在关于吃还是不吃肉很为难，其实爸爸现在也很为难……"

告知事情真相，让孩子了解真相无比重要，否则她可能会产生各种与实际不符的想象，容易自我冲突、自责、怀疑……

第二步，相信孩子有超乎想象的判断力，让其自己做出选择。
问题事关孩子，最终还是要由孩子自己来决定。家长意见不一致，倒正好给了孩子不同的参考，把家长的看法、态度和意见都摆出来，让孩子自己考虑如何选择。重点在教会孩子聆听自己内心的声音，相信自己的判断力。

"爸爸希望女儿你是个又快乐又健康的孩子，在吃不吃肉、吃多少肉这个问题上，爸爸希望你自己做选择，爸爸也会相信你的选择。

你能考虑大家的感受是很棒的表现，不过爸爸也希望你多去考虑自己的感受，等你按自己内心的声音去做了选择的话，那妈妈也就不会生气了，奶奶也不再失望了……"

第三步，给孩子无条件支持，借机教会孩子为自己的行为负责。
当孩子在为自己做事情，为自己想法而做的时候，只要感受到大人支持的力量通常都很开心的。小时候就自己决定与自己有关的事情，还用担心孩子长大没主见吗？最重要的是，这个时候可以借机培养她为自己行为负责的意识。

"爸爸一直都很相信你，所以不管你怎么选择，爸爸都会支持你。如果你坚持不吃青菜，那时间久了容易因偏食而导致营养不良，一旦身体不舒服的话，你要自己承受不舒服带来的痛苦，希望那个时候宝贝女儿你没有抱怨就好！你要坚持不吃奶奶做的红烧肉，也要多考虑一下，怎么样能让奶奶不因为失望而生气哦……"

这样去做，既能减少家庭的冲突，也会更好地成就孩子。总之，不管哪个年龄段的孩子，家长都要减少在孩子面前直接发生冲突，因为那样的伤害实在太大。

3. 夫妻吵架如何减少对孩子的伤害

夫妻吵架是怎么影响孩子的

家庭教育不一致的最常见结果就是吵架，而对于夫妻来说，吵架影响最大的无疑是孩子。

孩子是一个伟大的观察家，父母的情绪恶化和关系紧张，孩子都会敏感地看在眼里，至于说和不说，完全取决于孩子的个性、父母的教养方式和孩子的年龄。越是不说出来，越是深深印在内心深处。

然而，孩子又同时是一个非常差劲的翻译家，在他们心里，父亲母亲是神圣的，是不允许他们彼此的关系受到伤害的。当看到父母吵架，尤其一方经常说出"要不是因为孩子，我早就和你……"之类的话语，孩子通常会认为是源于自己，是自己不可爱、不够乖、不够好、不讨人喜欢等，所以造成了父母的不快乐。

这样的想法首先导致孩子低落、抑郁、恐惧、焦虑。面对父母的争吵，不管是冷战的，还是大打出手的，他们特别容易"操心"：

有的孩子会采取胡作非为的方式来转移父母的注意力，希望以此结束这场冲突；有的表现出极为温顺和进取的态度，比如努力进步、多加勤快、搞好成绩等，以为这样就能搞好父母的关系；也有的孩子认为把自己变得越烂越糟糕越好，因为那样情况下，父母会因为"共同一致"地对付自己，就无暇去吵架了。

还有的孩子在目睹父亲母亲争吵时，会被动的或主动的介入他们的吵架，甚至更残忍，被父母一方强行拉进来，必须以"站队"的方式支持其中一方。

因此在父母看不见的地方，孩子只会情绪低落，无心做任何事情，同样也包括学习，因为在他们的想法里，没有什么比父母和睦更值得"操心"的了。

也有些家长认为，不让孩子看见激烈的争吵，就能避免争吵对孩子造成的影响。确实这样可能会少许好一点点，但这样也太小看孩子的感知能力了。

其实，不管多大的孩子，他们的感知能力通常都是非常强大的，即使没有亲眼看见父母激烈的争吵，没有看到父母直接摔桌子、砸板凳，但他们能够通过父母互不理睬、表情冷漠、分房睡、不愿共同完成一件原本应该一起完成的事情等这些细微的异样，注意到父母之间的感情出现了变化，留意到大人之间的冲突并没有得到解决。

心理学家曾经对孩子们面对父母争吵时产生的心理状态进行过研究，发现父母在合理争吵时，孩子虽然也会恐惧，但他们能够对这场争吵后面潜在的后果有一定的判断，由此而产生的焦虑感会相对较轻。

但，当孩子的父母在冷战的时候，孩子们能够清楚地感知父母之间的气氛有异常，但并不能判断事情的严重性。"父亲母亲之间发生了什么事情""他们会离开对方吗"，"他们会不会都不要我了"……孩子对这些无法判断无法预知的事情感到深深的不安和焦虑，尤其害怕自己会被抛弃！

夫妻吵架对孩子伤害深远

第一，夫妻吵架会让孩子活得压抑。

无论是父母吵架时，还是吵架后，家庭气氛都是可怕的，孩子在这样的环境中不可能享受轻松和自在。

其实父母的吵架，令孩子所承受的愤怒、恐惧等情绪，一点都不会比父母这两个当事人要少。可孩子却完全不能发泄，不敢发泄，甚至都不敢发声，只能压抑。压抑也就是不能消化的情绪，硬吞下去，所以它注定是伤害。

第二，夫妻吵架会令孩子模仿。

儿童时代的孩子学习模仿能力非常强，而父母往往是孩子首先学习模仿的对象。父母经常当着孩子的面激烈争吵，会让孩子看到父母之间在采用吵架、攻击性的方式来解决亲密关系问题和矛盾。

当孩子发现父亲或母亲采用责骂、摔东西，甚至暴力来解决问题，居然使另一方闭嘴了或是胜利了，那么孩子就很容易学会这些不好的处理方法。同时，这些方法也自然会很容易被孩子用到自己的社交中，比如日后在学校里处理和同学的关系。

第三，夫妻吵架会让孩子缺乏安全感。

孩子最依赖的就是父母，孩子对父母的爱一旦患得患失，连他最信任的人脾气都如此暴躁，久而久之会失去安全感。孩子很容易一直活在担心中，担心父母会不会随时分开，担心父母抛弃自己。

安全感是人类除生理需求之外最重要的需要，没有了安全感，孩子是很难做好其他事情的；严重缺失者，甚至将失去生活的信念和希望。

第四，夫妻吵架会影响孩子长大后的亲密关系。

经常目睹父母吵架，孩子对亲密关系没有信心，没有期待。在未来的人生当中，即便遇到了爱的人要么不敢相信，要么不懂得如何付出爱，要么因为无法进行好的沟通和表达而难处。

现实中，有部分剩男剩女之所以被剩下，原因未必就是他们口中的"工作太忙了""身边没有合适的",更多可能他们的内心深处就不太相信爱情是美好的。

第五,夫妻吵架影响孩子大脑功能。

当父母吵架时,孩子会产生许多负面情绪,如焦虑、抑郁、自责、愤怒、恐惧等。情绪波动对大脑的功能有很大影响,即使是短时间、暂时性的波动。

一旦情绪大幅波动,或长时间持续存在,会让孩子的"理性脑"失去理性的开关,做出正确判断的能力下降,同时记忆力、逻辑力、想象力等功能也受到影响。

更糟糕的是,在当着孩子的面争吵时,有些夫妻一方还采用自我虐待的方式,如自伤、自杀等。这实际是在通过自我伤害来惩罚别人,这种极端的方式如果被孩子习得,等长大后,在处理恋爱婚姻等亲密关系时,寻死觅活、轻生就是常事了。

吵架如何少伤害孩子

吵架是每个家庭都想控制的,但吵架不是理性的产物,吵架时真正的敌人不是对手,而是自己的情绪。也就是说,当我理性上想到不该当着孩子面吵的时候,很多感性上控制不了的冲动已经发生了。

那,如果当着孩子面吵架了,作为父母究竟要做些什么才能把吵架变得高质量一些,努力减少对孩子的伤害呢?

首先,父母要在自己情绪平复、停止争吵之后,蹲下身子向孩子表达理解和歉意,以平复或释放孩子内心的恐惧、愤怒、低落、焦虑等情绪。同时,这个时候最好静静地抱孩子一会。

第二题　爸爸向左　妈妈向右？——家庭教育的一致性

"宝贝，爸妈之间刚才比较大声地说话，是不是让你有些害怕？"

"你看到我们吵起来时把你扔在一边了，你是不是很生气？"

"爸爸妈妈吵完架之后，你一直都看起来很不开心，是不是心里有什么担心，给妈妈说说看好吗？"

"对不起哦，让宝贝受惊吓了。"

其次，一定要引导孩子，不同的人对事情的看法常常会不一样，争吵也是在表达不同的意见。我们吵架是因为我们被情绪所左右了，这样既没有解决原有的问题，还引发了新的问题，爸爸妈妈都做错了。

"爸妈之间争吵，是我们之间暂时有不太一致的东西，是爸妈不太会处理冲突导致的。我们的争吵和你没有关系的，更不是你的过错，你不用为我们操心，更不用为我们的吵架负责。"

"爸爸妈妈错了，爸妈之间应该更好地沟通！以后你也可以监督和提醒爸妈注意沟通的方式方法，让我们做得更好。"

最后，既然父母当着孩子吵架了，也一定要当着孩子的面及时和好，直至最后相互拥抱。这样，让孩子看到父母互动的结果，既能促进孩子的模仿学习处理冲突的方式，又能感觉到父母之间仍然是有爱的，不再担心父母因为吵架而解散家庭。

当然，最后我们还要向孩子表达爱意，告诉孩子："不管爸妈怎么吵，我们都是爱你的，永远都会爱你！"

注意，这里父母最好不要说以后都不吵架了，因为这不现实也很难做到。

父母不断地成长，才会给孩子一个更好的成长空间。这一部分内容，我并不是为了声讨吵架的父母,也不是追究吵架给孩子带来了多少伤害,而是在探讨怎样做会更好。

  我们做父母的也请不要再为之前的吵架而矛盾内疚,别因为害怕孩子曾经受伤而过度自责。每个家长都不是完美的人,每个孩子的成长都会经历自己的体验,重要的是我们能及时觉察到自己走入了一些误区或之前没注意到的一些盲区,然后逐渐修正自己的言行举止。

4. 夫妻离婚如何减少对孩子的伤害

离婚对孩子的心理伤害

父母不一致的主要极端结果就是离婚。不要误会,首先我并非鼓励离婚,但,当一段感情真的难以持续的时候,恐怕我们不得不面对一个现实,那就是离婚。

当离婚已经是一种感情选择的方式,也已经是社会中不可缺少的一部分,那么有文化有素养的家庭,至少离的时候要尽可能地减少伤害,离一段有质量的婚,尤其是在减少对孩子的伤害方面!

离婚会不会伤害孩子?答案是肯定的,会!离婚家庭的孩子通常容易有如下的表现:

(1)容易产生不安全感

因为父母的离婚,孩子会很迷茫,无法搞清楚事情的原委,错误地怀疑是不是自己不好?是不是都是因为自己?是不是自己不可爱?从而产生各种各样的不安全心理。

(2)容易失去自信

一旦父母离异,不管孩子跟着哪一方或者祖父母,孩子都会认为失去了父亲或母亲,父亲母亲不爱自己了,整天忧心忡忡,感觉在小伙伴面前抬不起头来,容易失去对学习的信心和动力。

(3)容易产生情绪对立/偏差行为

由于父母的离异,孩子得不到积极的关注,为了赢得更多的关注,就总想在别的孩子面前表现，对父母甚至周围的人产生对立情绪，产生各种各样的偏差行为。

（4）容易引发孤独感／自闭

父母的离异，会使孩子有长期的不合群感和孤独感，尤其是越小的孩子，越容易导致孩子逐步形成扭曲的个性和悲观的人生，也有些孩子会自闭起来，回避交往。

（5）容易导致恋爱、婚姻观扭曲

家庭的离异，使孩子被迫与父母中的一方生活，缺少父母双向角色对孩子的完整塑造作用，并且脑海里缺少父母亲密互动的榜样经验，极容易对婚姻相处认识不足，长大后形成不信任异性，感情观扭曲，不敢走入婚姻等问题。

但，勉强维持的婚姻是不是就对孩子有利呢？未必！

很多人潜意识中理所当然地认为："勉强凑合的婚姻，也要好过离婚对孩子的影响。"实验研究的结果，并非如此。

> 美国曾做过一个研究，证实离异家庭的孩子受到的伤害远远大于在完整婚姻中的孩子。但是后来，经过更严密的研究，他们最终发现：离异家庭的孩子和普通家庭的孩子受伤的结果差不多。
>
> 两个实验结果的不同之根本在于，不离婚做什么会更伤孩子，离婚会在哪些地方伤害到孩子？

很多家庭虽看上去保持完整，没离婚，孩子却变成了被利用的武器，对付另一半的工具，比如：

让孩子帮俩大人评理评是非；让孩子跟踪父亲与小三见面；跟孩子说她的父亲不是个好东西，父亲是个道貌岸然的下流男人，男人没一个好东西……

或者完全忽视孩子的存在，把孩子当空气一样，当着孩子的面摔手机砸花瓶，甚至把对方照片撕扯个稀巴烂……

这些都足以让孩子内心深深地恐惧婚姻，因为孩子看到和学会的是：婚姻就是一种伤害的过程，没有幸福感可言，只会增加痛苦。

如何减少离婚对孩子的伤害

离婚本身不一定是最大的伤害，离婚的过程不够"有质量"才是最大的问题。因为，无数家庭悲剧都证明，离婚中孩子受伤害最大的三个根本点在于：

（1）孩子在父母的离婚中充满被抛弃感。

一个充满被抛弃感的人，会在生活中处处寻求认同，表现在人际、感情、职场、生活等一切的场所中。寻求是因为害怕，害怕会更加寻求，所以亲密互动中，会让"盯""查""疑"等一切疯狂尽然发生。

（2）父母的离婚会使孩子认为"都是因为我，是我不好，我的错"。

一个对父母婚姻失败要"承担"责任，认为是自己错的人，会带着自罪感和挫败感生活一生。

（3）父母离婚了"我没有爱了""没人爱我了"。

尤其很多父母会挂在嘴边说"你爸不是个东西，不要我们娘俩了""爸妈是因为怕伤害你才离得婚""你那么不要脸,你没资格看孩子,孩子没有妈,你最多一个月有一次探视权"。"探视",好可怕,比得上蹲监狱的用词,这还是自己的孩子吗?

那么,如果离婚成了必然,要怎样才能减少对孩子伤害呢?正确的做法是:

第一,对于听得懂的孩子,比如三五岁以后,越大的孩子,父母越不要再隐瞒事实,告诉孩子真相,秘密只会让孩子更加压抑到喘不过来气。

孩子最害怕的,是一些未知的模糊的焦虑。孩子不知道离婚有多可怕,他们对离婚的所有感知,都是从父母那里得到的。如果父母觉得离婚非常可怕,非常悲催,那么她也会如此看待,内心的痛苦无法避免。

所以,孩子最怕的是不确定感、无秩序感和混乱感。哪怕是你在失望至极的时候,也要告诉孩子你内心真实的感受,比如你的失望和愤怒,起码这可以让孩子对这种状态有一种称谓,这称谓本身就会给孩子带来秩序和确定感。

就像很多孩子说的一样:"小时候一直都很担心父母会离婚、会分开。但是当长大后,自己懂事了,第一件事却是让我妈和我爸离了吧!当父母真正离婚时,我反而感到轻松,因为我终于可以有一个确定的答案了。"这要比让孩子天天猜这个家到底哪一天会散,要强得多,健康得多!

第二,告诉孩子父母无论是生活在一起还是分开,都是大人自己对生活方式的选择,是因为自己,同孩子没关系!

说起离婚,很多人脑海中都会浮现出一句话:离婚了,孩子怎么办?

因为这句话,也因为这份对孩子的"爱",往往决定了婚姻的最终结局:为了孩子,就忍忍吧,或者说,等孩子大了,考上大学以后,再离婚吧……这把很多人搞得疲惫不堪,存在于没有快乐没有自我的婚姻中。其实真的是为了孩子吗?即便是,这也是对孩子更大的伤害!

第二题　爸爸向左　妈妈向右？——家庭教育的一致性

父母这时要勇敢、诚实地告诉孩子："爸妈当初因为相爱选择在一起，并且有了孩子你，爸爸妈妈很幸福很开心，你是我们相爱的证明和结果！现在爸爸妈妈不适合在一起了，爸妈必须要为当初的自己的选择负责，所以现在准备选择分开——离婚！"这既是担当，也是为自己负责任的一种表现，是孩子学习的榜样。

第三，向孩子明确，爸妈分开不是孩子的错，并且爸妈都很爱孩子的，孩子该获得的爱丝毫不会减少。

告诉孩子你是爱他的，虽然不能和他在一起，但要让孩子相信你对他的爱不会因为离婚而改变，会和孩子维持良好的亲子关系。

"爸爸妈妈分开是爸爸妈妈的事情，和孩子你是没有关系的，更加不是孩子你的错！"

"爸爸永远是爱你的爸爸，妈妈也永远是爱你的妈妈；爸妈以后还是会经常一起陪着你，只要是你有需要的时候！"

而不是从此老死不相往来，甚至一方因为怨恨之心偷偷告诉孩子："你爸被……那个女人拐走了""你妈如何如何……不是个好女人。"

帮助孩子适应新的家庭，即便这个家庭已经和我们无关——让孩子明白，爸爸妈妈只是分开了，爸爸、妈妈的家永远都是孩子的家，孩子也可以当着任意一方的面，自由地表达对爸爸或者妈妈的想念与爱恋！

训练与测验　家庭教育一致性讨论哪些话题？

为提升家庭教育的效果，家里主要成员（除孩子外）应经常（比如一个月一次）就如下问题进行讨论，并要求达成基本一致的结论。

1. 我们家庭教育孩子的主要依据是：自己的个人观点/夫妻协商的结果/所学习的育儿知识/咨询教育专家/与父母、老师、亲朋商量的结果？
2. 我之前了解过家庭教育一致性的相关知识及其重要性吗？
3. 在孩子面前，我能注意到同另一半保持一致吗？即使当时有很不同的意见也会避免在孩子面前直接反驳或争吵。
4. 对于孩子提出的同样的要求，我会时而同意时而反对吗？
5. 我们家庭教育达不成一致的主要原因是：受教育的水平/长辈的威严/孩子的性格/教育者的个性/沟通问题？
6. 当孩子吃饭时，我是让孩子自己吃，还是觉得喂孩子吃又快又方便？
7. 当孩子看电视或玩电子产品时，我是反对还是觉得偶尔玩一玩无所谓？
8. 当孩子上课外各种学习班时，我是觉得很有必要，还是觉得没必要，孩子小就应该快快乐乐地多玩一玩？
9. 当家庭教育出现分歧时，我的解决办法是：家长讨论，得出一致结论后对孩子实施教育/让孩子参与，把各自想法耐心分享后，让孩子自己做选择/教育为大，坚持自己认为正确的观点/倾听长辈的经验，尊重长辈的做法？

第三题

青出于蓝如何胜于蓝？

——家长言传身教问题

列夫·托尔斯泰说："教育孩子的实质在于教育自己，而自我教育则是父母影响孩子的最有力的方法。"

父母亲的"刚柔并济"是孩子健全人格的基础，优秀家长爱孩子有五个层次。

- 言传身教是最无痕的教育
- 父母角色的影响是最好的言传身教
- 优秀家长最高层次的爱
- 父母要给孩子爱的"仪式感"

1. 言传身教是最无痕的教育

言传更要身教

小一点的孩子对世界充满着好奇，他们会通过不断的学习来满足这份好奇，因为这时候的孩子没有太多判断能力，所以他们的学习绝大多数来自对身边大人的模仿，来自对所看到、所听到的模仿。

观察和模仿是孩子成长的重要途径，也因为此，父母在日常行为中要以身作则，给孩子树立一个正确的榜样。这不仅只是要求我们在某些教育孩子的特定时刻注意自己的言行，更需要在每一时每一处将这种意识无形地融于生活。

我们要把生活中最积极乐观的一面展示给孩子，把好的生活习惯和说话方式展示给孩子，把自己面对问题、解决问题的过程展示给孩子。不要侥幸地以为孩子还小，还听不懂，还看不懂，而随意说话做事。切记，孩子远比我们想象中聪明。

话说从前有一户人家，家里有五口人，三代同堂，爷爷奶奶、父亲母亲和一个儿子。爷爷奶奶老了，走不动了，父亲母亲很讨厌，觉得是一个包袱。两人一商量，决定把爷爷奶奶丢进大山里去。

一天晚上，他们把爷爷奶奶装进一个大竹篮里，两人抬着进了大山。当他们正准备把爷爷奶奶扔下不管时，他们的儿子在旁边说话了："父亲母亲，你们把爷爷奶奶丢在大山里后，这个大篮子就不要丢了。"

父亲母亲感到很奇怪，问儿子，为什么要把篮子带回家。儿子回答："等你们老的时候，我也要用这个大篮子抬你们进山，把你们丢进大山里。"

父亲母亲听后,心里慌了,赶紧把爷爷奶奶抬回家,好心侍候,再也不敢如此对待父母了!

这个故事里,孩子自然"学会"了虐待老人的方式,而平日里家长教育的"关心他人""尊老爱幼""讲究卫生""不占别人小便宜"等言语都那么苍白无力,变成了一堆无用的废话。

要求孩子做的,我们家长要首先做,要多做,还要榜样性地当着孩子面。父母甚至可以有意地设置一些情境,以启发和锻炼孩子,以身作则地教会孩子一些你想训练和成就他的好品质。

比如,家里有了好吃的,我们先请爷爷奶奶等长辈吃,以示尊老和礼貌;有人过生日,我们提醒孩子和我们一起以适当的方式表示祝贺,可以买小礼物,画一张画,做个小手工等;家人病了,我们去照顾和问候的同时,也鼓励孩子去关心一下哪儿不舒服,给病人拿拿药,倒杯水……

家长要示范让孩子明白,做积极有益的事是一种快乐;同时,对于孩子的关心和参与,我们也要表示感谢和鼓励,让孩子体验到这种快乐。

勿让"无心插柳"变成伤害

我们省吃俭用,对孩子却出手大方,以为这样是爱孩子,可除了让孩子学会奢侈、不懂回报、不愿付出、没有良好的理财意识之外,不能让孩子明白一些他该学会的品质,如节约、有计划的支出等。

我们平时"出口成脏",或者总做些没有礼貌的事情,孩子在长期的模仿中逐渐把这些举止变成自身行为的一部分,成为一个没有礼貌的人。以后无论是在人际关系上,还是在学业、事业上,没有礼貌都将成为孩子的绊脚石。

家里吃过饭了，孩子扭头看电视或出去玩，我们忙碌着收拾碗筷，孩子懒惰不作为"顺理成章"；家里有好吃的，我们总是先让孩子吃个够，孩子自私吃独食"理所当然"；孩子生病，我们忙前忙后百般关照，而当我们身体不适时，任由孩子冷漠，不闻不问，孩子不会关心人"毋庸置疑"……

或者，还有些家长是压根不知道自己的有些行为已经在影响着孩子，比如：

家里高价钱买了车厘子给孩子，孩子高兴地先拿来给奶奶吃，奶奶说："不吃，不吃，这个太贵了，只能宝宝你吃！"——说好的教会孩子分享、尊老爱幼呢？

告诉孩子，掉在地上的食物不干净不能吃，爷爷却转头就放进了自己的嘴巴里："吃的东西不能浪费了"——说好的以身作则、讲究卫生呢？

教育孩子形成好品格，不贪小便宜，不拿别人一针一线，父亲却在别人来送礼的时候"毫不客气"地照单全收了——说好的榜样力量、路不拾遗呢？

引导孩子要宽以待人，不能打骂同学，转头孩子稍一不听话时，就给孩子说："不听话，哼，看你小子欠揍，再不听话看我怎么收拾你"——说好的文明礼貌、以德服人呢？

……

当然，家长一旦发现孩子不小心目睹了大人的"不当行为"，对孩子不应该隐瞒，我们要根据孩子的年龄和成熟程度慢慢给孩子解释，主动承认错误，并设法当面改正，给孩子以新的榜样。

第三题　青出于蓝如何胜于蓝？——家长言传身教问题

如果你认同家庭也是一所学校，那言传身教则是一种最不留痕迹的教育。在这里你没有刻意而为，却可以润物细无声，而结果的好坏，就取决于家长的基本素养！

2. 父母角色的影响是最好的言传身教

在《爱商——亲和爱的幸福DNA》这本书里,我专门提过"反差融合力"和"高爱商的完整人"这两个概念。也就是说,当一个人身上所散发出来的气质、展现出来的技能和水平,与其固有的角色形象形成反差时,会极大地增添个人魅力;同时,人也只有兼具"强与弱""好与坏""刚与柔"等正反两个方面的特质才是高爱商的完整人。

因此,在亲子教育的历程中,父亲的"刚性"和母亲的"柔性"形成天然的整合,两种角色对立统一,难以相互替代,父母亲角色所发挥的作用本身就是对孩子最好的言传身教,奠定孩子"刚柔并济"健全人格的基础。

父亲是孩子力量的支柱

父亲相比较母亲,更会影响孩子的智力发展、品格培养、情感发展以及坚强、自立、勇敢等社会性的心理方面,是孩子"刚"性性格确立的重要基础。

父亲对孩子智力发展有促进作用

研究发现,孩子智力发展的高低与和父亲接触的密切程度息息相关。心理学家指出:一天中与父亲接触不少于2小时的孩子,比那些一周接触不到6小时的孩子,智商更高。

更有趣的是,研究人员还发现,父亲对女孩子的影响力要大于对男孩子的影响力,与父亲密切相处的女儿数学成绩更佳。所以,一个智慧型的父亲,能用自己的智慧启迪孩子的一生。

父亲存在与否影响孩子的身心健康

父亲的爱通常是深沉、严肃的,父亲会通过身体的运动,动态地给予孩子各种陪伴,这不但是孩子所喜欢的方式,也非常有利于孩子身心的健康发展。

美国的一项调查显示:

> 即使是尚处于朦胧状态的婴儿,也会因为缺乏父爱而出现焦躁不安、食欲减退、抑郁易怒等"父爱缺乏综合征"的典型症状。缺乏父爱的孩子年龄越小,罹患综合征的危险越大。
>
> 双亲均在、但缺乏父爱的家庭中长大的孩子患"父爱缺乏综合征"的可能更大。小时候患综合征的孩子,中学辍学率高2倍,犯罪率高2倍,女孩长大后成为单身妈妈的可能性高出3倍。
>
> 在没有爸爸的家庭中,孩子情绪变化较激烈,长大后较冲动,有较多的过失行为和反社会行为,缺乏自我控制,有较偏激的人格。

父亲是孩子重要的游戏伙伴

随着宝宝一点点长大,他的独立性和生活处理能力逐步加强,已不再满足于母亲的交往方式和生活圈子。这时,父亲就会成为孩子重要的游戏伙伴,孩子会从父亲那里学到许多不同于母亲的交往方式。

比如父亲会更多地通过游戏与孩子交往,而一旦游戏结束,父亲能很快转移情绪,这让孩子觉得十分新鲜,也有利于孩子体会应该在什么时候克制自己过多的情感要求。

所以,那些过分忙于工作的父亲,那些认为"照料孩子与父亲无关"的父亲,那些抱怨没时间教孩子的父亲,应该多抽出时间和孩子游戏了。

父亲是男孩的最理想模仿对象

在孩子成就感、力量感的形成过程中,父亲对孩子的影响要大得多。有人比较了社会上有成就和无成就的人,发现人的成就大小与父子关系联系密切。有成就者一般与父亲的关系亲密;成就较低者与父亲的关系较疏远。

孩子在学校的学习成绩、社会能力方面也与父子关系有关:父子关系冷淡,则孩子在数学和阅读理解方面的成绩较低,在人际交往中有不安全感,容易不自信,没有力量感,常表现为焦虑不安,不容易和他人友好相处。

父亲往往是力量、权威、智慧的化身,尤其对于男孩,父亲的行为在潜移默化地影响着男孩,他能从父亲的身上学到男性的一些行为特征。

父亲影响女儿和异性的相处能力

父亲使孩子学会坚强、刚毅、果断的品质,尤其在和女儿相处中,作为女儿人生中第一个"最爱"的男人,会直接影响女儿和异性相处的能力,以及树立正确两性观念的能力。

父亲的高大伟岸会给女儿带来安全感,是女儿的骄傲,也会成为女儿将来择偶的参照标准。但如果父亲们总没时间陪女儿、和女儿交流、及时了解女儿的内心,恐怕这小棉袄就没法贴心了。

尤其是女儿到了青春期,有些束手无策的父亲就从女儿的生活中撤了出来,把女儿完全交给母亲,这对女儿的成长是极其不利的。

母亲是孩子安全的港湾

如果父亲给孩子更多的是力量,那么母亲能够让孩子真正体验的则是爱本身。所以母亲就是爱的代名词,是安全感的源头和港湾。

从十月怀胎到出生成长,母亲跟孩子同呼吸共命运,连接始终是那么得紧密；然后孩子渐渐长大，从身体上开始分离，到情感上渐渐地分离，最终思想上渐渐地分离和独立。整个过程中，一个母亲最要具备的特质就是稳定的情绪，母亲的情绪越稳定，孩子就越会觉得自己是安全的。

妈妈能够稳定地输送爱，孩子就会觉得自己是无条件被爱的。一个真正被无条件爱过的孩子，会很自然地给别人爱。优秀的妈妈最重要的品质就是拥有稳定的情绪，因为妈妈的情绪就是孩子整个的世界。

母爱之所以伟大被歌颂，之所以说是无条件的，一方面体现在母亲对孩子的照顾和责任心，这让孩子得以生存和成长。但是这只是让孩子得以在生理上"活"下去。要想孩子健康成长，另一方面，母亲还需要给孩子传达一种态度，让孩子充满对生命的热爱。

前一个层面，大部分母亲都能做到；后一个层面是很困难的，这需要母亲本身就是一个快乐的人。

所以，作为母亲只有情绪稳定了，我们才能够给予孩子更多的爱与支持。当孩子遇到问题和状况时，妈妈经常都是平和的、喜悦的，看到孩子都笑容以对，那么孩子自然会觉得自己的世界阳光灿烂，而且比较容易幸福喜悦。

相反，如果一个孩子在小的时候遇到一个情绪极其不稳定的妈妈，那他的内心世界将无比地动荡。一会儿开心喜悦，一会儿大发雷霆，忽好忽坏，自然孩子情绪也会直接受到影响，从小没有安全感。

另据耶鲁大学儿童研究中心研究发现：一个八周岁大的婴儿，就能分辨出和他/她互动的人是男性还是女性。这种性别差异本身，可以给孩子提供一个关于性别差异的丰富经验。

不管孩子是否意识到，他们都在很幼小的年纪，就开始按照社会对自己性别的期望，学习处理生活事件和人际关系。这也决定了，相较于父亲，母亲对孩子本身必然存在的角色影响。

比如，与孩子玩耍时，母亲倾向于赋予孩子"公平性"和"安全感"这两种品质，更重视为孩子创造安全环境。如果只有父亲的教养起作用，孩子可能不太考虑安全因素的作用，回避风险，减少很多亲身体验的乐趣。

还有，母亲的谈话方式倾向于描述性，充满情绪和情感的传递。这会让母亲的教养为女孩子提供一种榜样，让她们看到女性在相处的过程中，什么样的言谈举止是恰当的；同时也可以帮助男孩们理解女性的世界，使男性发展出一种对女性情感和需求的敏感度。

父母必须认识到，相对于一个父母相爱的家庭，单亲家庭和重组家庭中孩子的成长环境，确实有缺陷。不过，即便孩子拥有父母都在场的成长环境，如果父母某一方太过于强势，完全阻碍了另一方对孩子的影响，也不利于孩子全然了解两性关系。

父母不管关系好坏、离婚与否，都不要在孩子面前彼此诋毁、仇视。因为，任何一方在孩子面前否认另一方，都是在切断孩子与自己亲生父亲或母亲的连接，很可能使孩子对另一种性别产生敌对。

3. 优秀家长最高层次的爱

每个家长都望子成龙、望女成凤，毫无疑问希望孩子好！然而，什么叫孩子好呢？如果二者只能选其一，我们更希望孩子成功，还是快乐？

没错，做家长的都希望孩子健康、快乐、自信、自立、诚实、善良、成功……如果可以，巴不得把孩子所有的好都罗列出来！可是，我们是否有想过，倘若希望孩子拥有这些好品质，家长应该做些什么？我们应该成为什么样的家长才能让孩子如我们所愿？

这里，我特别想引用一下《人民日报》曾刊登过的一篇文章《教育改革要从家庭教育开始》，其提出的家长爱孩子的五个层次，特别能说明优秀的家长应该是怎样的做法。

第一层次：家长舍得给孩子花钱

现代家庭生活水平高了，很多家长在孩子的教育上很舍得花钱，除了为孩子提供生活所需的方方面面以外，更是对孩子有求必应，孩子想要什么，家长就给买什么。

即便家里条件不怎么好的，也不惜竭尽全力、举家欠债也要为孩子买学区房，花钱报各种补习班，总觉得不能亏欠孩子，想通过这些外在的条件来辅助孩子获得更好的外界环境。

不过，令不少家长感到困惑的是，自己天天忙着工作给孩子赚钱，周末也会亲自送孩子去辅导班，但是孩子跟自己一点也不亲近呢。

家长为孩子提供必需的物质生活是应该的，有钱不舍得给孩子花在教育上肯定有问题，但是仅仅付出金钱来满足孩子低层次的需求也远远不够。甚至在当今的时代，不是因为物质提供得太少是问题，而是提供得太多而造成了问题的主要原因。在孩子的成长过程中，我们父母的参与和陪伴才是至关重要的。

第二层次：家长舍得为孩子花时间

教育没有捷径，无论孩子的资质如何，只有我们愿意多花一点时间对孩子进行有效陪伴，孩子才会渐渐地茁壮成长。"你陪我长大，我陪你变老"。

记得我之前看过并翻拍过一个很感动的故事：

> 一位爸爸下班回到家已经很晚了，他身体疲惫，心情也不好。这时，他发现自己5岁的孩子正靠在门边等他。
>
> "我可以问你一个问题吗？爸，你一个小时赚多少钱？"儿子问。这位父亲觉得莫名其妙，训斥儿子："这与你无关，为什么要问这个问题？"
>
> 在儿子的恳求下，他告诉儿子自己一个小时赚20美元。儿子听了以后沮丧地低下了头，又犹豫地提出要跟他借10美元。这位爸爸顿时很恼火，觉得儿子在无理取闹。
>
> 儿子被凶了以后默默回到了自己的房间，爸爸冷静下来后觉得不应该对儿子太粗暴，于是就到儿子的房间道歉并给了他10美元。
>
> 儿子拿到钱以后欢呼雀跃，又从自己的枕头底下拿出一些皱皱的钞票，数好放到爸爸的手里："爸，这是20美元，我想买你一个小时的时间，明天请早点回家，我想和你一起玩。"

孩子的成长只有一次，当孩子面对挫折、面对冲突、面对失去和痛苦时，我们需要及时站在孩子身边，告诉他有父母在他会很安全，给孩子具体的指导和帮助。相反，千万不要因为忙于生计、托付心态、玩手机、看电脑等让孩子成了有父母的"孤儿"。

第三层次：家长开始思考教育的目标问题

什么是教育的目标，可能很多家长没有思考过这个问题。

你想培养孩子具有善良、正直、勇敢、诚实、自信的品质；你想让孩子成为有出息、有前途的人，上重点小学、初中、高中、大学，找好工作，有幸福的人生。这些就是目标，家长根据这些目标采取的一系列行动，就是完成教育目标的过程。

但，我们终极考虑是想要孩子成功还是快乐？回归自身，我们当下对孩子的教育是在培养孩子，还是在补偿自己曾经的遗憾？事实上，很多人对教育孩子没有具体的目标规划，想一出是一出，也没考虑过这个最主体的人——孩子愿不愿意。

孩子不感兴趣，学这么多的意义何在？不是孩子的目标，未来没有幸福感可言，成功了又意义何在？孩子都感受不到爱了，未来会有幸福吗？

马云说："智商高，容易成功；情商高，容易不败；爱商高，受人尊重。"更进一步说，爱商高了孩子才更具备幸福的基础DNA，才更容易获得幸福！

与其画个好大的圆，将来无法填满，不如脚踏实地，完成每一个可行的小目标。前提是，这些目标的设立必须是同孩子一起规划的。

第四层次：家长为孩子而提升和完善自己

列夫·托尔斯泰说："教育孩子的实质在于教育自己，而自我教育则是父母影响孩子的最有力的方法。"

这里说的其实就是言传身教。

我们想让孩子成为一个诚实正直的人，就要在教育孩子的过程中以身作则，不要哄骗式教育；我们想让孩子养成阅读的好习惯，就要在孩子面前放下手机，远离电脑，带孩子捧起书进入阅读的世界。

同时，为了更好地教育孩子，我们不能只是根据经验教育，而要对教育知识、教育技巧、孩子心理发展规律特点、心理健康等都有迫切的学习需求。通过不断提升和完善自己，让家庭教育的方式更加合理，让孩子的成长少走一些弯路，而不是一位地让孩子去学习！

第五层次：家长鼓励和支持孩子成为最好的自己，同时自己也活出最绽放的生命状态

为人父母，对孩子最高层次的爱就是不管孩子处在什么状态，也不管别人在不在意、看不看好自己的孩子，我们都能给到孩子理解、倾听、尊重、温暖、欣赏、支持、陪伴……引导和鼓励孩子成为最好的自己。

真正的教育不是只在孩子积极进步时候有掌声，更体现在当孩子不断探索世界的过程中有害怕、犯错、退缩，受质疑的时候，我们会采取何种反应。

而现实中，很多家长采用的都是毁孩子的方式：

把孩子逼苦了、搞累了还不准哭，残忍地说："哭，再哭就不要你了，丢人！"

把孩子和别人家孩子作比较，让孩子觉得自己都不如一个外人，张口就说："你怎么不学学人家隔壁的小胖……"

无情地进行各种否认和打击,甚至让孩子当众出丑地说:"哎呀,我怎么生出你这么笨的孩子!"

……

还有父母喜欢演"苦情戏",把自己塑造成为牺牲者的形象,苦诉自己为了孩子过得多么不堪,让孩子接受即使父母大打出手和言语侮辱也是为了他好。比如经常会说:

"自从有了你,我们连电影也没看过,为你真是操碎了心,都累出病来了。"甚至拿着病历卡,具体说出自己身上的哪种病是由于他造成的;或者说,如果不是为了照顾他,自己早就在事业上有大发展了。

我们想用自己的苦来"感化"孩子,激励孩子,实际上却让孩子背上了一副无形的枷锁。孩子一旦认为父母的辛苦是他造成的,会背负很大的罪恶感。难道说,我们不希望孩子以后过得好吗?过得好的孩子难道不是觉得愧对那么苦恼地活着的父母,让自己整天活在抑郁或自罪感之中吗?父母的责任是为孩子提供一个良好的生长环境,而不是在我们没达到理想的时候要求孩子为我们的失败买单。

爱孩子,我们应该让自己首先活出最绽放的生命状态,即使现在物质条件上还无法实现自由,但最起码应该给自己精神上放松,活得真实。这样孩子才有信心、有榜样、有力量活出自己,并懂得,这一切和物质并无关系。

父母的优秀是孩子最好的榜样,父母爱孩子的最好方式也是成为最好的自己。希望更多父母能对此觉醒,都能达到对孩子最高层次的爱,拥有最幸福的家庭!

4. 父母要给孩子爱的"仪式感"

仪式感就是对孩子的重视

法国童话《小王子》里有这么一段对白：

狐狸说："你每天最好相同时间来。"

小王子问："为什么？"

狐狸答："比如，你下午四点来，那么从三点起，我就开始感到幸福。时间越临近，我就越感到幸福。我就发现了幸福的价值……所以应当有一定仪式。"

小王子问："仪式是什么？"

狐狸答："它就是使某一天与其他日子不同，使某一时刻与其他时刻不同。"

仪式感，就是在特别的日子或某个特别的时刻做些特别的行动。爱，既需要我们用语言来诠释，也需要用行动来表达。说白了，仪式感就是对生活的重视。

在一个家庭中需要仪式感，它能给所有家庭成员留下美好的回忆，并带来源源不断的幸福感。同样，父母和孩子之间也需要仪式感。

有一天半夜，看到一位妈妈拎着高跟鞋在马路上奔跑着，满头汗水，被路上行人笑个不停。事后得知，这位妈妈几天前出差日本，为了赶回去陪女儿过生日，工作结束后行李都没来得及收拾就赶往了机场，可惜下飞机后回家的路上堵车,眼看24:00了,她索性从高架路被堵塞的出租上下来狂奔!

可能很多人都会觉得,至于吗?一个生日而已。可对这位妈妈来说,很显然她不想错过孩子的每一个成长阶段。对孩子来说,有这样一位妈妈真的是件幸福的事。

我们经常听到很多家长会说:"小孩子过什么生日!""又是'五一'、又是'六一'的,哪那么多事,瞎凑什么热闹!""新升一个年级而已,换什么新书包呀!"

可能对于父母而言,做不做这些事情,我们对孩子的爱都不会减少,但对于孩子而言,却是完全不一样的感受。必要的惊喜和仪式,会给孩子足够的亲近感与信任感,让孩子感受到幸福和乐趣。

有心理专家认为:正常的身心成长需要一定的仪式感,在这个小小的仪式中,其实就是一种强烈的自我暗示,让自己注意力更集中、更认真、更用心。

仪式感源于父母积极的创造

有仪式感的生活,孩子能感受到生活的精致;有仪式感的人生,孩子能感受到自己很被重视;有仪式感的家庭,孩子能踏踏实实地确认自己的存在与众不同。

如果父母有心,用"仪式感"可以保存很多孩子童年的美好不会遗失。当然,家长给孩子的仪式,不仅仅体现在特殊的日子里,只要走心它可以是每天出门前的拥抱,是临睡前的一句晚安、一个故事……这一切,或许只源于我们在日常小事中的创造:

在特殊的纪念日，聚齐全家成员很正式地拍张全家福。比如家人生日、儿童节、春节、夫妻结婚纪念日等，让孩子知道自己有一个稳定的家，自己很重要。

每年孩子生日给他亲笔写一封信。写下孩子一年的成长，记下此时此刻身为父母的心情，以及为他骄傲、为他感动的点点滴滴，等待成年时一并交给他，用满满的爱助孩子开启自己的人生。

每个月，也可能是每周一次的家庭会议，全家人围坐一起放下手机、关掉电视，面对面交流和分享。说说彼此的事情，让孩子学会倾听与倾诉，学会分享与分担。

每年的家庭集体出游计划。让孩子感受到生活除了工作与学习，还有放松与休息，感受到父母恩爱，家人永远在一起。

每天早起之后互道"早安"，睡前互道"晚安"；出门前相互拥抱，做个甜蜜的告别仪式。让孩子明白自己也能给家人支持；每晚的睡前故事、阅读时光，让孩子带着爱和温暖进入梦乡。

就生活习惯来说，仪式可以是孩子睡觉前必须洗脸、刷牙、换上干净的睡衣才可以睡觉；家庭设置好的共同游戏时间、阅读时间等，不仅可以共同成长，孩子心里留下很多幸福感，也会增进亲子感情。

……

这就是仪式感，换一种用心，其实很简单。而仪式感的判定标准，往往是以内心是否感到富足为基准。对于孩子来说，更是这样，我们希望传达给孩子什么样的仪式感，孩子就会接收到我们什么样的价值观。

第四题

情绪与理智的较量？

——儿童情绪管理与沟通

　　情绪引导型父母懂得调节孩子的情绪，将孩子的消极情绪视为协助孩子认识自己的机会。

　　负面情绪是沟通的最大障碍，只有理解才能疏导。

- 做情绪引导型家长
- 孩子负面情绪的四步沟通法
- 常见情境下的儿童情绪管理

1. 做情绪引导型家长

家长处理情绪的传统方式

某天，你和孩子在参加一个宴会活动，你家孩子和其他小孩一起很调皮地跑闹着，地上很滑，你几次劝阻，让孩子小心别摔着，孩子不当回事。

不久后，孩子果然滑倒，大哭不止。这时，作为家长的你第一时间会如何应对？

A."给你说多少遍了让你不要跑，你非要跑，看看摔倒了吧，以后一定要听妈妈的话知道吗？妈妈会害你吗？真是的！"

B."别哭啦，别哭啦，再哭真欠揍了！"

C."真是懒得理你，给我待在这好好反省反省！"

D."不要哭了，不哭的话等会这边结束了就给你买冰激凌吃！"

……

那么，亲爱的家长，如果是你遇到类似的情景，通常会采用哪一种方式？

谁都有情绪，问题不在于情绪，而在于如何恰如其分地处理和表达情绪。一些家长不理解孩子情绪发展的复杂性，希望孩子总是开心地微笑。孩子一哭闹，他们就想尽一切办法去阻止和解决。比如，传统上大家常用的做法有：

A. 说教式

父母凭借自己"丰富"的经验，对有情绪的孩子说教大量的道理：应该怎样、什么是不对的……

我们家长觉得自己是"苦口婆心""循循善诱",嘴里说的都是无法反驳的东西,但却没有提供什么有效可行的办法,对事情的解决,或是情绪的舒缓完全没有帮助。孩子面对这些喋喋不休的家长,情绪只会变得更差,甚至心里说:"你真是烦死人了!"

B. 惩罚式

家长认为负面情绪是不好的东西,是不应该有的,所以对有负面情绪的人说的话里面充满惩罚的味道,例如:"你老是那么不听话,再这样就揍你!"

有负面感受不可怕,可当自己难过想哭的时候,被强制性制止哭泣,甚至连哭的资格都没有了,这让孩子得不到支持的同时又会多一层愤怒。

C. 冷漠式

碰到孩子有情绪求助的时候,"置之不理",叫他们"自己搞定",例如"这些事,别人帮不了的,还是自己冷静去想想吧"。

这样的话语,使有情绪的孩子就像堕入了情绪的黑洞一样,感到十分孤单和无力。

D. 交换式

对有情绪的孩子提供一些他追求的价值,以此作为交换的筹码,让他抛开当下的情绪,不管好坏。例如"如果你不哭了,我给你买……"或者"不要不开心了,我带你去吃……"

这份交换,因为没有针对引发情绪的事情做过什么,所以只能短暂地转移效果,而真正的情绪及影响从来就没有消失,这是典型的"逃避"状态。

其实,以上不管哪种,似乎都只是对行为和道理层面重点关注,在事情发生后，往往想到的是如何处理现场，以及讨论今后如何避免这类事件的发生，而这样恰恰忽略了孩子的情绪和感受，使他们失去体验更丰富的情绪的机会。

陪孩子在情绪体验中成长

情绪引导型父母懂得调节孩子的情绪，将孩子的消极情绪视为协助孩子认识自己的机会，并能引导孩子如何有效地应对情绪，而非总是想终结和改变孩子的情绪。

要知道孩子情绪的产生都是有原因的。"为什么开心、生气？""为什么觉得伤心、委屈？"家长最应该帮助孩子的是解决那个原因，否则第二次还是会出现同样的情绪。

> 我们有时候要择机让孩子体验一下买不到心爱玩具的失落，体验一下被小朋友拒绝的沮丧，体验一下被大孩子欺负的痛苦，体验一下等待自己喜欢的动画片开始的焦虑，体验一下被成年人认可的喜悦，体验一下行走在黑夜的紧张，体验一下被人嘲弄的郁闷……

这一切就是要让孩子熟悉和体验各种情绪，特别是那些负面情绪。更何况任何一种情绪的出现必然有它存在的意义，它能为孩子提供信息，让他们知道什么对他们是最重要的，事情的发展是否顺自己的意……当然，负面情绪本身也有它的正面意义价值：

生气——代表保护自己的力量；
悲伤——代表曾经拥有；

无助——帮助看到自己的局限；

忧郁——提醒自己错失了什么；

害怕——表达自己很在意、很在乎；

伤心——是接纳失落的表现；

自责——表示负责任、有道德感；

焦虑——表示有现实感和想要行动的欲望；

……

比如孩子打架了，在体验被欺负的愤怒后，让他再通过家长的关心体验到温暖，通过家长的支持体验到力量和平静，从而快速从伤心或伤害中走出来……

有了这样的体验，孩子就会逐渐明白受伤和成长都是人生的一部分。这样孩子长大以后不仅仅会情感丰富，而且也知道如何从负面情绪中走出来，如何去应对各种伤害，如何去换位思考，获得人际关系等。

俗话说"打铁还需自身硬"，做情绪引导型家长，往往需要我们自身也是优良的情绪管理者。

当然，情绪管理和沟通能力是个大的范畴，不仅包括对内的，自己情绪平和的时候非常快乐，不开心的时候能够自我调节，低落的时候知道如何鼓舞自己；也包括对外的，能够很好地跟别人相处，善解人意，能够理解别人等。

2. 孩子负面情绪的四步沟通法

在儿童时代，尤其小的时候，孩子认知发展不成熟，但这个时期感受力却是超强的，很容易感知大人的情绪。大家会发现，我们对儿时记忆中家长为什么指着我们骂不记得了，骂的具体什么话语也不记得了，却能够清晰地记得自己那一刻心里的恐惧、悲伤、愤怒或委屈的情绪，以及他们骂人时的表情，这就是对感受的记忆。

因此，负面情绪和感受只有被家长"看见"，它们才能像水一样找到出口，才能自由流淌，孩子才会在情绪得到疏导后，慢慢平息下来，感受问题的处理了，很多时候孩子的问题行为基本也会自然解决。

这里，我把处理孩子的负面情绪归纳为四步：

第一步：确认当下，给予支持

在遇到负面事情的情况下，孩子的心理通常非常复杂，可能既内疚又害怕，并因为不是故意为之而委屈、无奈，这时肯定都非常渴望亲近的人能理解他、安慰他，以此得到支持，感受到爱。

所以，这个时候作为家长，我们要首先同孩子确认所发生的事情，并在第一时间给予无条件的关注和支持。也就是，我们要能注意到孩子的所处状态，给予关心和问候的同时，最好伴有肢体上爱的互动。

比如，用类似的话来表达："我看到你有些不开心，需要妈妈帮你做些什么？"或者"看起来你现在状态很不好，需要爸爸帮你做点什么吗？"说这些话的时候语速要慢，注视着孩子，用手去抚摸他的头、脸、肩或者直接拥抱他。

相反，如果我们没有看到孩子的情绪，或者否定了他的情绪，比如"你又闹情绪了！""什么事又发脾气了？"……那么，人虽靠近了，心却更远了！

第二步：标明情绪，积极倾听

有了第一步之后，孩子通常会简要地告诉家长他发生了什么事情。这时，我们最重要的是帮助孩子用言语标明情绪，设身处地、感同身受地去理解他。比如"那个时候，你一定特别的憋屈！"

这不仅让孩子了解，而且学到描述情绪的字眼；也是在告诉孩子该如何表达情绪，并丰富孩子发展表达情绪的语汇。研究显示，一个人如能以适当的言语形容情绪，并精确形容和表达，可以帮助自己在神经系统上得到宽心和起到镇静的效果。

只要家长此时的理解是真诚和走心的，孩子必然会更深一步分享事情本身，而接下来我们需要做的就是：认真倾听。

一般情况下，孩子总是喜欢先说事情：谁欺负他了，什么事他搞不定了，等等。我们家长必须学会把孩子的注意力迁移到他的感受层面上。

例如："原来你受到委屈了。""他这样对你，所以那时候你很愤怒？"这样的表达既是一种深深的理解，同时又进一步做了发问，不断地把注意力引向了身体感觉或者情绪感受。

孩子在有了进一步情绪感受描述之后，身体的紧张度释放，通常会开始平静下来。当然，这期间父母要全程注意孩子的身体语言，如脸部表情和姿势等。

第三步：适时肯定，借势引导

在这一步里，我们要积极找出事情中可以接受的地方，适时给予语言上的肯定，例如"你觉得她那样骂你让你很受羞辱，难怪你当时那么生气。""你已经准备了这么长时间，突然取消了，你当然失望啦。"

一般情况下，我们可以很容易找到孩子值得肯定的方面，未必一定是行动本身，它们可以是动机、过程、努力或者干脆是情绪本身，比如"事情不如意当然生气啦"。

肯定的认同会使孩子说"是呀""对呀"等话语，这不仅是口头上的回应，说明孩子心里也已经认为我们站在他的一边了。接下来，我们就可以借助这种互相认同的形势，向孩子指出事情中他需要改进的地方。

当然，提醒一下，这里千万不要直接说孩子的不对，或者应该怎样做，因为这样我们是又把自己重新放在与孩子对立的位置，刚才建立出来的心理效果破坏了。比较合适的方式是，我们从对方的角度出发指出需要调整的部分，例如：

"可是，你们是同学关系，每天都要在班级里碰面，她每天这样不讲理地骂你，你会面对得很辛苦诶！"或者"你虽然准备这么久了，可因故取消是你控制不了的，但你可以控制'怎样才能开心'面对这件事呀！"

有了前面的肯定，我们现在这样说，孩子当然会容易接受改变了。

第四步：头脑风暴，讨论解决

为了让孩子对当下事件有更好的解决，并能举一反三地解决类似问题，接下来我们就要和孩子针对解决方案展开头脑风暴。这时候父母的话语引导也是十分重要的，比如可以说：

第四题　情绪与理智的较量？——儿童情绪管理与沟通

"我们一起来想想，以后你怎么做她对你的态度才会与现在不一样？"或者"有些什么其他的办法，我们能够在活动取消后还能把这一天过得很开心？"

引导孩子看到其他可能性，他们的负面情绪便不会再出现，孩子也能真正明白情绪本身不是问题，偏差的行为才是问题；同时也会有更积极的表现，重新把事情的控制权掌握在手里。这是帮助孩子成长和进步的关键。

为了让我们更好地掌握这种负面情绪的沟通技巧，下面来看一个具体的对话例子，希望给到大家更大的启发：

一个8岁的男孩很顽皮，与大的同学打了架，伤痕累累气急败坏地回到了家，大哭不止。

父亲："儿子怎么了，看起来你现在状态很不好很委屈？"
儿子："委屈！"（边哭边说）
父亲："好像你这会特别地生气？"
儿子："生气！"（号啕大哭）
父亲："那你打算怎么办？需要爸爸为你做点什么？"
儿子："爸爸，你帮我找根棍子，我要从背后去打他！"
父亲："嗯，我看行！爸爸等会去给你找根粗点的棍子哦！"
父亲："还有呢？还需要爸爸做什么你尽管说！"
儿子："爸爸，你给我弄把刀，我要直接去砍他！"
父亲："好！这个好，这个更解气！爸爸这就去给你准备一下哦。"

父亲去了别的房间，留给儿子10来分钟的平息时间后，拿着一堆衣服及棉被出来。

家长成长的心理及格线

父亲:"儿子,你决定好了吗?是用棍子还是用刀?"

儿子:"但是,爸爸,你搬那么多衣服和被子干吗?"(很困惑)

父亲:"儿子,是这样的,如果你用棍子打他呢,那么警察就会把我们带走,估计会关些日子,所以我们就带些衣服就可以了!"

父亲:"如果你用刀去砍他,那么我们就会在监狱里至少关几年,我们要多带些衣物包括被子,恐怕这还不够四季用的呢!"

父亲:"所以,儿子你决定了吗?无论如何,爸爸都愿意支持你!"

儿子:"要这样的?"(很惊讶,并陷入沉思)

父亲:"是这样的,我们生活的这个社会没有法律约束肯定不行的,法律是这样规定的!"

儿子:"爸爸,那我们还是不干了吧?"

父亲:"儿子,你不是很愤怒吗?那多难受啊!不行,我要让我儿子消消气!"

儿子:"那也不能被抓起来呀!"

父亲:"那儿子,要不我们一起想想看,怎么样才能不报复他也能让你心情好起来!"

儿子:"嗨嗨,爸爸,我已经不生气了,其实我也有错。"(脸红)

父亲:"好,无论如何爸爸都支持你!你来给爸爸讲讲看。"

儿子:"今天本来我正在……"

如果我们家长懂得去抚慰孩子的一个个小的"创伤",孩子感受到有人理解、接纳,就有力量去面对自己的问题。孩子需要的不是安慰,不是道理,只是别人能理解自己的感受。

而且,负面情绪是沟通的最大障碍,如果负面情绪常常出现,得不到合理的宣泄,会卡在那里,一直积压下来。久而久之,就会内化,形成不健全的人格。

3. 常见情境下的儿童情绪管理

儿童情绪管理的前提条件

"情绪发生过程,是先有一个刺激,然后孩子唤醒某种情绪,并希望通过情绪的表达来自我释放、获得关注或者达到目的。

孩子情绪管理的关键,是情绪被唤醒之后的自我觉醒,因为一旦自我觉醒,孩子的情绪程度就会慢慢衰减,然后再通过自我或者父母的情绪梳理,慢慢回归平静。"

教会孩子情绪管理,并不是为了让消极情绪消失,因为不管是好的情绪还是坏的情绪,都应该被认同;而是让孩子拥有情绪自我觉醒的能力。如果孩子没有情绪觉醒和减弱的过程,那么它就会不断重复爆发,最终孩子可能会没完没了地发脾气或者哭闹。

情绪并不是理智的对立,情绪是理智的同伴,它是思考的前提,也是思考的结果。如何对话并帮助孩子解开情绪的困境,这里有一个理论前提和现实前提。

理论前提:我们对孩子情绪的处理态度,取决于我们对它的评价和解读。

现实前提:我们家长的心态和智慧,决定着对孩子情绪管理的质量。

孩子会通过自己的眼睛来注意周围、观察世界,所以我们要小心谨慎,不要对他的举动妄下结论。我们需要倾听他的心声,明白他的感受,弄清楚他经历了什么。特别要注意几个点:

第一，家长要懂得让孩子有机会通过哭泣、喊叫、颤抖等方式宣泄内心情感，而不是一心想着让他安静下来。如果想让他负面情绪停止，那么需要的就是我们的倾听，只有理解才能疏导。

第二，孩子的思维方式缺乏成熟，但他们对自己的想法却深信不疑。我们只有陪着他们进行深入、全面的思考，才能真正帮助他们用不一样的视角将处境解释清楚。

第三，我们要学会尊重孩子，不要太急躁地按照自己的逻辑定性。

同时，作为家长，我们也需要自我觉察，保持观察自己情绪的起伏变化，是源自临时事件的激起，还是长期焦虑的裹挟。

第一，家长可以深呼吸，试着让自己放松，只有在相对放松的状态下，我们才会保持平和与理性。这是对话的基础，这样孩子才会放松。

第二，家长本身的生活要足够绽放，具有基本的情绪自我调控能力，尤其专门做一定量的情绪沟通基本训练。

第三，想要减少与孩子的情绪对战，最重要的是不要把孩子当成我们的敌人，我们与孩子之间不是对抗关系，而是联盟关系，一起结伙搭伴的目的是疏导当下的情绪危机。

儿童情绪管理的常见情境

（1）当孩子感到悲伤时

孩子心爱的玩具坏了，孩子感到难过，这个时候家长最忌讳说"早跟你说了，要好好爱惜的嘛"……也不要立即就跟孩子表示"坏了没关系，妈妈再给你买一个新的"。

此时，我们应该做的是倾听和陪伴。"妈妈知道你很难过，让妈妈好好抱抱你，或者你想自己待一会儿也行。"

（2）当孩子感到害怕时

孩子可能会怕黑、怕高、怕狗，也可能会怕陌生人，当孩子感到害怕时，家长可以说：

"不仅小孩有害怕的时候，大人也有害怕的时候。害怕的时候，我们会想躲在爸爸妈妈的怀里，或者找一个安全的地方把自己藏起来。不过，有的时候，害怕的事情并没有什么可怕的。

比如说，你以前很害怕上幼儿园，可是上了幼儿园之后你发现其实幼儿园很好玩，对不对？"

（3）当孩子感到愤怒时

被其他小朋友抢走了玩具，孩子因为生气脸涨得通红，甚至有出手打人的冲动。

父母要做的不是责怪孩子不懂得分享，以大人姿态说"这有什么好生气的"，而是先接受孩子"愤怒"这些情绪的存在，并认同它。

我们可以跟孩子说："心爱的东西，被人抢走了，换做谁肯定都会很生气。不过，你可以跟小朋友协商一下，你们轮流玩这个玩具或者一起玩这个玩具，说不定大家一起玩会更开心呢？"

（4）当孩子感到妒忌时

每个孩子都会妒忌，尤其妒忌爸妈对别的小孩子表示亲近，比如一个妈妈去抱别的孩子，年龄小的自家孩子就会很紧张，并通过哭泣或者拉扯其他孩子来捍卫自己爱的领地。

作为家长，我们此时千万不要立即教育孩子不能小心眼，而是应该找机会告诉孩子：

"我知道你爱妈妈，因此妒忌别人获得了妈妈的拥抱。如果别人得到了我想要的东西，我也会很妒忌。

不过，虽然我不喜欢妒忌的感觉，但每次感到妒忌时，我都告诉我自己，我也有很多他们没有的东西呢。想一想，妈妈每天都拥抱你，但是别的小朋友偶尔才能获得妈妈一次拥抱呢！"

（5）当孩子感到内疚时

孩子不小心打翻了家里的鱼缸，小鱼也因此死了，她内心感到十分内疚。家长此时可以做的是认可孩子的"内疚"情绪：

"我知道你此时感到很内疚，如果我遇到这样的事情，也一样会内疚。不过，内疚并不能改变已经发生的事情，不如我们一起把打碎的鱼缸清理好，把死去的小金鱼们都安葬在花园的树下。然后，我们再去买一缸新的金鱼，以后你更加悉心地照顾它们好不好？"

训练与测验　你是否是情绪引导型家长？

一个懂得对孩子进行情绪引导的家长，自己首先也是情绪管理的高手，在孩子面对悲伤、恐惧和愤怒等情绪时，都能给予适当反应和引领。

家长这样类型的教养方式，将会使孩子学会信任自己的感觉，调整情绪、解决问题，从而更容易树立自尊、提升成绩、相处好人际关系。

你是情绪引导型家长吗？在下列各句描述中，请将贴近你真实感受的，标记为"是"，反之标记为"否"：

1. 当我的孩子生气、难过……时，解决问题的时间就到了。
2. 孩子的愤怒是有原因的，值得我们寻根问底。
3. 当孩子难过时，拉近我们之间距离的机会就到了。
4. 当我的孩子生气、难过……时，我会试着帮他弄明白究竟是什么让他生气、难过……
5. 我希望孩子能够表达愤怒，说出自己的想法。
6. 当我的孩子生气、难过……时，我会花一些时间，试着体会他的感受，并让他知道，我理解他……
7. 当我的孩子难过时，我会和他一起坐下来，聊聊他的感受。
8. 我的孩子生气时，是一个增进亲密度的好机会。
9. 孩子有感到愤怒的权利。
10. 我认为，适当地体验悲伤、愤怒……对孩子来说很有好处。

当标记"是"的题目数量≥6时，表明家长对孩子具备一定的情绪引导能力，数量越多，这种能力越强。

当标记"是"的题目数量＜6时，表明家长对孩子情绪引导能力较弱，数量越少，这种能力越弱，需要加强此类能力的训练。

第五题

好孩子是怎么夸出来的？

——家长夸和赞的心理技巧

越来越多的研究表明，夸孩子是一门技术活，不夸不行，但夸奖也并非越多越好，不当的、过多的夸奖会适得其反，非但没能帮到孩子，反而带来很多负面效果。

📂 家长夸与不夸，孩子人生大不同
📂 这样五种夸法，其实会伤害孩子
📂 夸赞孩子的正确时机和"公式"
📂 正确夸赞孩子的三大实用操作法

1. 家长夸与不夸，孩子人生大不同

避免孩子陷入"习得性无助"

为了纠正孩子的缺点、错误，有些家长总是批评、指责，当头棒喝，非但没有起到教育的效果，反而刺激到孩子幼小的心灵，真可谓爱子心切却导致亲子疏离，甚至是亲子反目。

当然，即便不是漫骂、否认，消极命令式的教育方法，也很容易伤害到孩子的自尊心，导致各种逆反和心理不健康。

偶尔如此，当然无可厚非；但如果经常这样教育，很容易使得孩子消极地面对生活，进而陷入"习得性无助"的状态。

"习得性无助"是心理学上一个专有名词，是指因为受到重复的失败或惩罚而造成的听任摆布的行为，一种对现实的无望和无可奈何的行为、心理状态。心理学上这一方面有过很专门的研究。

> 美国心理学家塞利格曼用狗作了一项经典实验，他把狗关在笼子里，只要蜂音器一响，就给狗施加难以忍受的电击。狗关在笼子里逃避不了电击，于是在笼子里狂奔，惊恐哀叫。多次实验后，蜂音器一响，狗就趴在地上，惊恐哀叫，也不狂奔了。
>
> 后来实验者在电击前，把笼子的门打开，却发现此时狗不但不逃，而且还没等电击出现，就倒地呻吟和颤抖。它本来可以主动逃避，因为关狗的这个笼子的门是开着的，但狗却绝望地等待痛苦的来临，这就是习得性无助。

为什么被实验的狗会这样？连"狂奔，惊恐哀叫"这些本能都没有了

第五题　好孩子是怎么夸出来的？——家长夸和赞的心理技巧

呢？因为它们已经知道，那些是无用的。

心理学家在对人类的观察实验中，也得到类似习得性无助的结果。正像实验中那条绝望的狗一样，如果一个人总是在一项事情上失败，他就会在这项事情上放弃努力，甚至还会因此对自身产生怀疑，觉得自己"这也不行，那也不行"，无可救药。比如：

> 生活中，我们希望孩子发展绘画兴趣，孩子不催不画，后来被催得多了，孩子拿彩笔画了，结果画没怎么画好，却把手弄得很脏，搞了个大花脸。作为家长我们通常就会忍不住大骂，命令孩子立即去洗手、洗脸。久而久之，孩子就会感觉自己很无能，画没能力画好，连自己的干净卫生也照顾不好！

而事实上，并一定是"真的不行"，更多只是陷入了"习得性无助"的心理状态中。这种心理会让我们自设樊篱，把失败的原因归结为自身不可改变的因素，放弃继续尝试的勇气和信心。

当然，如果同样的情境，改用欣赏、鼓励的方式替代批评、指责和命令，说：

> "我们宝宝会画画，还能在画画的时候注意卫生哦。你看不但画画得好，手、衣服和桌面也都照顾得很干净！"或者说"我们宝宝会自己洗手的哦！那，现在手脏了怎么办？"

如此，孩子即会领悟"要照顾画画时的干净"或"去洗干净"的要求，而愉快地去做了。

所以，我们想通过批评、指骂、命令教育达到的效果，用欣赏和夸赞的方式同样也是完全能达到的。人，都有自尊心，乐意听夸奖，不喜欢听批评。作为年龄小的孩子，他们更喜欢听好话，不会高兴大人处处限制他们，指责他们。

夸出孩子截然不同的人生

我国教育家陈鹤琴先生说过："随便什么事，你要小孩怎么做，做什么样的人，学什么样的事，求什么样的知识，研究什么样的问题，如果你必须要有一个法宝呢？那就是'鼓励'。"

孩子需要成人的爱护和评价，需要成功的喜悦。而家长的欣赏和鼓励可以帮助孩子建立自信心和积极的自我评价。

家长对孩子的欣赏和夸赞，完全可以改变一个孩子的一生。

这里有一个故事，让我们来一起感受一下家长对于塑造还是毁灭一个孩子，有着多么重要的意义：

第一次参加家长会，幼儿园的老师说："你的儿子有多动症，在板凳上连三分钟都坐不了，你最好带他去医院看一看。还有你儿子不爱学习，这以后可怎么办啊。"

回家的路上，儿子问这位母亲，老师都说了些什么。她鼻子一酸，差点流下泪来。因为全班30位小朋友，唯有他表现最差；唯有对自己的儿子，老师表现出不屑。然而，她还是告诉儿子：

"老师表扬你了，说宝宝原来在板凳上坐不了一分钟，现在能坐三分钟了。其他同学的妈妈都非常羡慕妈妈，因为全班只有宝宝进步了。"

那天晚上，儿子破天荒地吃了两碗米饭，并且没让她喂。

儿子上小学了。家长会上，老师说："全班50名同学，这次考试，

第五题　好孩子是怎么夸出来的？——家长夸和赞的心理技巧

你儿子排第49名。我们怀疑他智力上有些障碍，您最好能带他去医院查一查。"

回去的路上，她流下了泪。然而，回到家后，她满脸欢喜地对坐在桌前的儿子说："老师对你充满信心。他说了，你并不是个笨孩子，只要能细心些，会超过你的同桌，这次你的同桌排在第21名。"

说这话时，她发现，儿子暗淡的眼神一下子充满了光彩，沮丧的小脸也一下子舒展开来。她甚至发现，儿子温顺得让她吃惊，好像长大了许多。第二天上学时，儿子没有睡懒觉，去得比平时早了半个小时。

孩子上了初中，又一次家长会。她坐在儿子的座位上，等着老师点她儿子的名字，因为每次家长会，儿子的名字在差生的行列中总是被点到。然而，这次却出乎她的预料，直到结束，都没听到。

她有些不习惯，怀疑是不是老师搞错了。临别，她去问老师，老师告诉她："按你儿子现在的成绩，考重点高中有点危险。"

她怀着惊喜的心情走出校门，此时她发现儿子在等她。路上，她扶着儿子的肩膀，心里有一种说不出的甜蜜，她告诉儿子："班主任对你非常满意，她说了，只要你努力，很有希望考上重点高中。"

高中毕业了。第一批大学录取通知书下达的日子，学校打电话让她儿子到学校去一趟。她有一种预感，她的儿子一定被清华大学录取了。因为在报考时，她对儿子说过，她相信他能考取这所学校。

儿子从学校回来，把一封印有清华大学招生办公室的特快专递交到她的手里，突然转身跑到自己房间里大哭起来，边哭边说："妈妈，我一直都知道自己不是个聪明的孩子，我也知道老师在家长会上说了什么，是你不愿意伤了我的自尊心，让我能一直坚持下去，谢谢你妈妈……"

这时，她悲喜交加，再也按耐不住十几年来积聚在心中的泪水，任它打在手中的信封上。

我不知道大家看完这个故事会有什么样的感觉,但我每一次讲它的时候,都会鼻子一酸,很感慨:如果这样一个孩子,是放在我们大多数的家庭里,比如就放在你的家庭里,他会发展成一个什么模样,会是一个什么样的人生故事和结局?

2. 这样五种夸法，其实会伤害孩子

现代家长越来越意识到欣赏教育的重要性，愿意更多地去夸赞孩子，即便在农村待了一辈子的老人都知道说"宝宝真棒！""宝宝太厉害了！"似乎都进行着"正面激励"。

然而夸孩子是一门心理技术活，不是一件简单的事情。不夸肯定不行，夸奖得当，能帮助孩子成长；而夸奖不当则会适得其反，让他们只能从别人的夸奖中得到自我认同与满足感，缺乏快乐与自信的内在源泉。结果，你以为你在夸孩子，其实却在伤害孩子。

提醒家长朋友，我们要学会远离如下五种带有误区和伤害性的夸赞方式：

一边夸赞，一边不忘旧错重提

"你终于做对了，不错！很棒！

今天太阳从西边出来！做那么多次你从来没做好过，我也真是服了你了！"

前边还是夸呢，结果一边夸，一边提孩子之前做的感觉很挫败、不好、不对的地方，这是标准地隐含着批评的欣赏，比不表扬恐怕还可怕，换作是任何人都会听着不太舒服吧？

这样的欣赏，无形中就是在打击孩子的积极性，给孩子的感觉是"自己即使做对了也是白做，因为爸妈总是记得自己做得不好的地方"。真是要计算一下心理阴影的面积。

其实，孩子愿意改变、能够改变、愿意进步，能够进步，就是值得赞扬的。这样的一小步，才有机会促成后边的大进步，但父母的赞扬却给孩子留下了阴影，这是我们做家长的需要反思的。

一边夸赞，一边作比较

"宝贝，你这个做得好，这次表现比隔壁小胖好多了，继续努力哦，他是个笨蛋！"

夸奖让孩子感觉到了认可，但同时又与别人作比较，这无疑是在施加压力，很可能会影响孩子对自己的正确认识，会引发攀比心理、不适当地竞争。成功都是为了赢别人而不是享受过程，也会影响孩子与小伙伴之间的人际交往。

这样的夸奖，没办法达到激励孩子进步的目的。家长需要停止对比心理，引导孩子积极地走向与过去的自己对比，努力享受进步的过程，把每天都过得快乐、精彩和绽放。

一边夸赞，一边更高要求

"这次钢琴比赛你拿了班级一等奖！真棒！

妈妈相信你以后肯定能拿更多的奖，下次我们争取拿全幼儿园第一哦！"

用一次好的表现来给孩子确立一个更高的标准，这看上去认可了孩子，但却无形地给了更大的压力和负担：以后要表现得更好！

这其实是在给孩子传递一种信息："我做的越好，我就要面临越大的压力，越辛苦。"就像孙悟空头上的紧箍咒一样，会越来越紧，心理负担越来越重。久而久之，本来是在成功，反而却在体验辛苦，谁还想进步呢！

假大空式且过度的夸赞

"你真优秀！""你真棒！""你做得太好了！"

这样的欣赏句式是家长随口就来的话，可谓轻车熟路，成了万能公式一样。在家长眼里，孩子的每一个成长细节都是值得惊叹和赞美的——宝宝会笑了，宝宝会叫父亲了，宝宝会翻身了，宝宝会蹦了……在不断的惊喜中，家长已经习惯于对着孩子说出"真棒！""真好！"

这样的评价，家长觉得自己是非常积极而正向的。确实，这种意识值得点赞，至少我们不在批判孩子。

但万能不代表是有用的，家长随口的夸奖，太过笼统，又过多频繁，会让孩子搞不清楚自己优秀在哪里，反而养成盲目自信的习惯，最后演变成一个自负的孩子，反过来却害怕失败，经不起一丁点儿挫折。

瞄向"先天"特质的夸赞

斯坦福大学心理学教授研究过一个问题：为什么同样是遭遇挫折，有些孩子可以屡败屡战，不断努力去克服困难，而有些孩子却会轻易放弃，甚至不敢去迎接挑战呢？

她做了大量的研究后发现，孩子的思维模式起了重要作用。假如孩子认为一个人的能力、智力、优秀程度等主要由先天决定，那他会觉得聪明是更重要的事情,那他就会去做更多使自己看起来聪明的事:比如在做事的时候,会去选择更容易做的事情,如果选择困难的事情来挑战,万一失败了,别人就不会觉得自己聪明了。

当认定先天因素更大时,也会认为后天改变的空间不大。所以,遇到困难就只能放弃了,自己会觉得:这个事情的难度超出我的聪明程度的,怎么办?我又不可能在短时间内忽然就提高智力,那没办法了,只好放弃!

用"聪明""天赋"这样的词夸奖孩子,就等于跟孩子说"你钢琴弹得那么好,是因为你天生的聪明""你舞蹈跳得好,是因为母亲给你的好基因""你画画很好,是因为你有天赋"。

3. 夸赞孩子的正确时机和"公式"

夸赞孩子的恰当时机

并不是在所有事情上，都去欣赏孩子；也不是在所有的时候，都需要欣赏孩子。时机恰当了，哪怕一个眼神，一个微笑，一双拍拍肩膀的手都能给孩子带去支持和力量，让他们感受到被认可。

那，什么样的时候，孩子需要被欣赏和夸赞呢？

当孩子的某种行为、某句话触动到你了，这个时候就是你该和孩子交流的时刻，交流和互动之后欣赏和夸赞便是最大的激励品。无论如何，这样的情况下都不要再吝啬你的欣赏，而且要是走心的。这里边有三个点很重要：

> 一是，孩子确实有进步或表现好的言行举止出现，因为这是一种事实依据，有依据的赞扬会更加有根基；
>
> 二是，表扬前要进行必要的交流，很突然地单纯夸孩子只会造成反效果，因为孩子不明白你的动机而可能产生防御心；
>
> 三是，表扬孩子要及时，否则享受表扬的同时，却起不到本身强化的作用。

三点合起来也就是说，当遇到孩子努力解决问题或有突出表现时，我们做家长的要先通过"倾听""产生共鸣""一起思考"等过程进行沟通，然后及时对孩子的表现、情绪、想法等予以夸奖和认同，这样才会起到更好的效果。

比如，有一天我正在和女儿玩耍，爱人带回来一些好吃的给孩子，孩子自己要吃之前，第一反应是拿出一部分来给我，说："爸爸你吃。"

这真的让我感动，这种大方分享的行为一定要被认可、被欣赏，于是我就马上把女儿拉过来揽入怀中，给她说：

"我知道你很喜欢妈妈带给你的这些食物。爸爸看到你那么喜欢吃，还第一时间分享给我一部分，爸爸觉得你真的是一个很大方、懂得分享的孩子！谢谢你，爸爸很感动。"

这时，女儿眼睛水灵灵地看着我，眼里有光彩也同样含着泪花，这显然是一种被认可后的感动。此时对孩子行为进行及时肯定，有助于他们形成内在的自我驱动，感受到自己存在的价值。

其实家长如果有心留意，这种时机是很多的。比如：在没有大人提醒的情况下，孩子自己乖乖地洗漱好准备上床时；在公园游玩，孩子能主动把剥下的果皮放进垃圾箱时；在客人面前，孩子能主动大方地展示自我时……家长应及时夸赞孩子做得对，这时不宜谦虚。

事实表明，家长对孩子的活动越能及时进行欣赏和夸赞，就越能提高孩子参加活动的兴趣，并促进良好习惯的形成。

夸赞孩子的四大"公式"

这里送给大家四个夸赞孩子的"公式"。所谓公式，其实主要是我们在欣赏孩子的过程中，在方法上需要注意的核心点，有助于大家把夸赞作用发挥到最大化：

第五题　好孩子是怎么夸出来的？——家长夸和赞的心理技巧

（1）夸赞要以孩子的名字或第二人称开头，描述你所看到、听到的事情。

夸赞孩子，尤其是越小的孩子，越不一定需要太多"棒""乖""好样的"等这种词汇，大人更需要描述并强调他所做的事。

比如，宝宝第一次主动见了人打招呼，你只需要对他说："龙龙，你今天见到妈妈的朋友，很主动很礼貌地打招呼了！"他可能就会露出骄傲的笑容，此时家长无须再多说其他的话。

再比如，2岁半的宝宝试着自己穿衣服。这时候你就可以对你所看到的事情进行描述说：

"雯雯，爸爸看到你非常努力地像大孩子一样尝试自己穿衣服，雯雯渐渐要长大啦。如果你很愿意，爸爸教你一遍怎么穿好不好！"

如果你这时觉得孩子穿衣服暂时还太早太复杂，那你可以说：

"今天我们先从教你穿袜子开始好吗，学会了，今天你就可以自己穿上自己的小袜子啦。"

当然，这个时候，切忌一把拽过来说，"你还小，让妈妈来！"

（2）看着孩子的眼睛，描述你内心的感受。

"这令爸爸很开心。"

"奶奶感觉为你骄傲。"

"妈妈很感动。"

"爷爷很欣赏你这一点。"

……

比如，孩子今天主动刷了牙，此时家长告诉孩子："丫丫，你今天主动刷牙了，没有让妈妈提醒，妈妈很感谢你。"

记住，真诚很重要，而真诚的核心是说这些话的时候一定要看着孩子的眼睛！

（3）蹲下身子，运用肢体动作的亲密加强这种正面的反馈。

蹲下身子与孩子同高，或者拍拍孩子肩膀，或捏捏手臂，或与孩子拥抱……可别小看这种小细节，肢体的互动会拉近与孩子的距离，增强和孩子的亲密感，会把表扬、欣赏带来的正面效果极速放大。

记得有一年央视春晚一首歌红遍了大江南北，就是因为唱出了无数孩子的心声："爱我你就亲亲我，爱我你就陪陪我，爱我你就夸夸我，爱我你就抱抱我……"

（4）用发问的方式来替代表扬。

用发问来替代表扬，可以明白孩子是如何看待自己的"成就"的。会让孩子感受到，这是很不容易的事情，这不是每个人都能做到的，这简直令人难以想象……

"真的吗？哇……哦你再说一次……好不容易啊……"
"你是怎么做到的？你是怎么想到这样做的……"
"你能帮我说说看，你是怎么做成功的吗？"

用发问的方式鼓励孩子自己对自己的成就进行回想，给他们一个自豪的机会，也让孩子对自己的行为有更加深刻的体会，从而更利于"好行为"的内化！

4. 正确欣赏孩子的三大实用操作法

夸赞具体，突出细节

孩子做了一件好事，父母就要实实在在地说出孩子表现好的地方，让孩子知道我们表扬他的具体原因，突出孩子做得好的细节，一项一项去肯定。

其实孩子的很多行为和表现都是为了获得大人的关注。如果他们无意地做了一件好事，虽然在成人世界里或许微不足道，但是我们却注意到了，并对孩子进行了赞扬，这个赞扬的威力绝对可以成为他一生的滋养，并使他知道自己未来的努力方向。

当然，往细的视角说体现在很多方面，比如孩子的态度、责任心、诚信、自律、心细、慷慨、虚心……

孩子玩好玩具、做好作业，能把自己的地盘整理好，把物品收拾好，是有责任心，做事有条理，这是孩子能做好其他事情的基础，表扬和欣赏是必须的——表扬责任心和条理性。

"你把自己玩具箱收拾整理得真好。"

"你把自己书包收拾整理得真整齐。"

"你把自己的书桌收拾整理得真有条理。"

诚实、守信的品质会让孩子的人生道路更加顺畅，所以需要适时帮他建立。比如当我们和孩子约定什么事，就可以给予他认同的表达——表扬诚实、守信用。

"我相信你，因为前几次你说话都算数。"

"我相信你,你一定会找到好的解决办法。"

"我相信你,因为……"这本身就是一个很好的句式。

孩子出门带了很多玩具,在回来的时候,能一件不落地带回来,原来是因为孩子在出门前细心地数数清点,这时候,我们就该表扬一下他的细心和考虑——表扬细心准备的做法。

"你能记得总共带了6个瓶子和3个娃娃,并且出门前故意数了数,想得真全面,真细心,棒棒的!"

夸赞努力,兼顾聪明

心理学家做实验,让两组孩子完成一个相同的实验,研究人员对A组的孩子说"你一定很聪明",而对B组的孩子说"你一定很努力"。

当进行第二轮测试时,被表扬"聪明"的孩子只愿意选择与原来难度一样的题目,因为他们想保持自己的"聪明",而90%被夸赞"努力"的孩子都选择更难的测试,因为他们不害怕失败与风险。

第三轮的测试更难,但被夸赞"努力"的孩子却表现得乐在其中,注意力也更加集中,而那些被表扬"聪明"的孩子却表现得相当痛苦,因为他们开始怀疑自己是不是真的聪明。

进行最后一轮测试,难度和第一轮的测试一模一样,但是被表扬"聪明"的孩子成绩下降20%,而那些被夸赞"努力"的孩子,成绩却提高了30%。

显然,夸赞"努力"让孩子发现自己可以控制成功与否,而空洞的表扬

"聪明"却会剥夺这种可控性。所以，我们夸的时候应该让孩子明白："你要懂得自己努力，才能真正做到自己想做的事情！"

用"努力""勤奋""不断练习"等词来夸孩子时，等于跟孩子说："你钢琴弹得好、画画画得好、歌曲唱得好、舞蹈跳得好，是因为你很勤奋，很努力地练习。"

当孩子的注意力被引导到后天努力上了，这相当于暗示孩子，大人最看重的是他的努力和勤奋，想要继续得到大人的认可，就要继续努力和勤奋地学习。

所以，当孩子给你呈现一幅漂亮的作品时，你记得肯定她为此付出的艰辛和努力；当孩子完成一件对他来说很有挑战的事情时，比如苦思冥想破解了一个脑筋急转弯，一次次尝试爬上某个高高的台子，花了很长时间拼好了一个拼图，我们要记得肯定他的耐心和坚持。

学会经常告诉孩子："尽管很难，但你一直没有放弃！""你太有勇气了，你坚持爬了那么多次！""你一点都不怕困难，太难得了！"

夸赞过程，捎带结果

我们要多欣赏孩子成功的过程，而不要直接赞扬结果。直接赞扬结果，孩子就会觉得结果最重要，下次一旦做错了，就会发脾气。因为他的重点不在过程上，而在"不能出错"这个结果上了，渐渐地容易害怕出错，逃避挑战。

拿练习跳舞来说，当孩子跳得好的时候，不要只是简单地说："你跳得真好！一个动作都没跳错！"

而是说："宝宝，你比上次进步很多哦，大多动作跳得都很标准，你肯定努力地练习过了，这个进步不错哦。"

这样我们就能把孩子的注意力转移到进步和成长上来了,让孩子明白,家长在乎的、看重的并不是孩子一时的表现、一时的结果,而是帮她建立起从错误中学习和成长的习惯,这才是真正关系到她一生成长的关键。

类似可以去欣赏和赞扬的视角有很多,比如说:

当孩子对面临的任务充满积极向上的正能量时——表扬孩子的做事态度。

"你做事情的态度非常不错。"

看到孩子的奇思妙想,在尝试无数次可能性方案之后成功——表扬孩子做事的创意。

"这个方法真有新意!"

孩子和小伙伴一起合作完成了某件事,做得还不错——表扬孩子的合作精神。

"你和小伙伴们合作得真棒!"

孩子因为善于变通,做出了正确的选择,出色地完成了某件事——表扬孩子善于变通。

"真高兴你很懂变通地做出这样的选择。"

当孩子积极踊跃地参加活动,并在活动中表现不错时——表扬孩子的参与性。

"你今天参加活动时很积极,表现也很好!"

当然,这里也提醒各位家长,对孩子的教育,提倡夸赞和欣赏,并不表示对孩子的错误行为就不需要批评,只是批评要适当,要适合孩子能接受的年龄特点,不要处处指责,约束孩子的手脚。

第六题

输不起的孩子？

——儿童自主性培养和抗逆力训练

儿童的自主性、正向行为、责任意识、耐挫力等方面的培养和训练都意义重大……

只要家长有心，儿童好习惯的塑造，都可以在日常生活中不留痕迹地实现。

　　📁 训练孩子自主性的八大视角
　　📁 塑造孩子正向行为的三大技巧
　　📁 培养孩子责任意识的三点建议
　　📁 培养孩子耐挫力的四项修炼

1. 训练孩子自主性的八大视角

我们注意到，生活中有不少孩子对本该是自己处理的事毫无主张，事事都依靠家长；但也有些孩子年龄虽然不大，却很自觉：早上自己按时起床；自己上学；放学回家，自己会抓紧时间做作业……

很明显，这些孩子具有很强的自主性，也就是他们能自由、独立地支配自己言行，主要体现在他们有能力为自己的行为进行自由的选择。

自主性不是天生具备的能力，因为我们的大脑有自控力中枢，所以它可以通过后天的培养训练而得以形成。那如何培养孩子的自主性呢，这里给家长们介绍八大视角作为参考。

给孩子空间，让他们自己往前走

婴儿当然喜欢生活在母亲的怀抱里，但是孩子不能永远这样生活。

> 有这样一位妈妈，孩子已经上小学二年级了，送他上学还要费力地背着他走，直到离学校几十米远的地方，因为怕老师看见，才不情愿地把孩子放下来……

如此被母亲呵护长大的孩子，他的自主性从何谈起呢？作为家长，应根据孩子自身的特点和能力，扩大孩子自由活动的空间，让他在这个空间里自己当主人。

第六题　输不起的孩子？——儿童自主性培养和抗逆力训练

给孩子时间，让他们自己去安排

不少家长以为，孩子还小，不懂得安排自己的活动。但如果我们完全包办了孩子的时间安排，孩子只是去执行，那么孩子的自主性就永远培养不出来了。

有一位父亲，他在孩子3岁多的时候，就每天给孩子一段可以自由支配的时间，只要不出危险，孩子可以自己安排做他愿意做的事：比如玩，看电视，画画，拼图，或者什么也不干……无聊了，他最终还是会主动来找父母，父母就给孩子一些指导性的建议。

长此以往，孩子自然懂得珍惜时间，学会自己去安排时间。

给孩子条件，让他们自己去锻炼

培养孩子用"拔苗助长"这种违反客观规律的做法，肯定是要失败的，但完全采取消极"顺其自然"的态度，也不利于孩子的成长。遵循客观规律，积极创造条件，让孩子自己去锻炼，这才是我们应该采取的正确做法。

有一位母亲看到5岁的孩子对洗碗感兴趣，就为孩子准备了一个小板凳，对孩子说："我知道你特别爱干活，想自己洗碗，可是水龙头太高，你够不到，妈妈给你准备了小板凳……"

孩子兴奋地喊着："谢谢妈妈！"马上就登上小板凳高兴地学着大人的样子去洗碗了。

家长成长的心理及格线

给孩子机会，让他们自己去把握

人的一生会遇到不少机遇，但如果不善于把握，机遇就会和我们擦肩而过。家长的任务应该是提供或指出各种机会，启发孩子自己去抓住，培养孩子善于抓住机会、参与公平竞争的能力。

一位小学生，偶然同妈妈讲起学校要参加市围棋选拔赛，因为妈妈知道这孩子的围棋水平不错，就鼓励孩子积极努力争取参加，并告诉她，这是一个难得的好机会。

孩子非常感激妈妈的提醒，以后很主动地在各种机会中表现自己。

给孩子对手，让他们自己去竞争

为了让孩子提高适应社会的能力，必须让他们从小既学会合作，又学会竞争。有效的办法，就是经常在他的身边树立一个正向友好的竞争对手。

有一个学生学习差，某阶段在班上竟成了倒数第一名。父母一再鼓励孩子不要灰心，要敢于和别人竞争，首先是和比自己稍好一点的孩子比，只要努力，赶上他没问题，比如那时的同桌比自己排名靠前6名。

在孩子取得成功之后，父母又启发他寻找新的竞争对手，开始新一轮暗中的较量……

给孩子权利，让他们自己去选择

孩子的自主性高低，在他们在做自主选择的时候表现得最为明显。不少家长认为孩子始终是孩子,怕孩子选择错误,从来不给孩子选择的权利。这样的孩子长大后就不可能适应竞争激烈的社会生活。

家长应主动给孩子选择的权利,并告诉孩子要对自己的选择负责:

> 有一位家长带孩子去少年宫报名,家长本来的意愿是让孩子学钢琴,却发现她在舞蹈组门口看得出了神,于是,家长尊重了孩子的选择,同时也提出要求:你对自己的选择要负责,一定要坚持一个阶段,把舞蹈学好。

给孩子问题,让他们自己去解决

孩子提出问题,成人通常的做法是立刻告诉他答案。这样看起来简单又省事,这样的孩子长大以后,就不会自己主动想问题,总希望别人能提供现成答案。这直接妨碍了孩子在智力劳动上的自主性养成。

> 有一位家长的成功经验是:孩子问我字,虽然我认识,但我不告诉他,而是让他去查字典。以后,再有不认识的字,他也不来问我了,而是自己去查字典。

果然是"授之以鱼,不如授之以渔"。

给孩子题目,让他自己去创造

创造是自主性的最高层次的表现。孩子的创造性不是自然而然产生的,同样需要家长的积极引导和巧妙激发。

有一个孩子特别爱玩泥，而且能捏出一些花样来。于是家长主动给孩子买了各种各样的泥塑和橡皮泥，对孩子说："你要玩就好好学、好好捏、好好练，要有新点子。"

在家长的鼓励下，孩子充分发挥自己的才智，初中毕业时，已经能轻松捏出栩栩如生、各具特色的人物形象，并以此特长考上了工艺美术学校。

透过上述八大视角，家长可以积极有力地发展孩子的自主性。当然，在具体实践的过程中，我们还要不断和孩子进行良好有益的交流，鼓励孩子，评价他的成果，提出新任务，使他的进步永不停止。

2. 塑造孩子正向行为的三大技巧

"温柔+坚持"形成健康的规则感

"我不，我就不，我偏不……"

生活中面对孩子的对抗甚至"胡闹"行为，我们通常都很头痛，也习惯性地会说"乖哦，要听妈妈的话，不乖的话妈妈就不爱你了"；孩子也会常常反过来要挟妈妈"你不陪我/不帮我，我就不乖"，形成了一个对抗的死结。

有的父母经常一到气头上就会吓唬孩子"你再不听话就不喜欢你了""你再捣乱就不要你了""你要……，我就不爱你了"。动辄就说不爱孩子，如此言论，真是一件很残酷的事情。因为父母的爱，是孩子最大的安全感保障，这样的话也就只能是我们来发泄情绪用的，孩子除了感到难过并不能从中吸取教训。

但，反过来，如果顺从孩子的行为，则无法给孩子订立规矩，不利于建立孩子健康的自我规则。

强硬不行，妥协也不行。怎么办？

那这时，最好的做法是便是"温柔+坚持"，温柔地坚持。

我们可以直接告诉孩子"你不乖，妈妈也会很爱你""你不听话，妈妈也会很爱你"，这一边给到了孩子很温暖有爱的回应；同时又要他坚定地执行规矩，告诉孩子"妈妈希望你能……"，用一种完全肯定的态度去表达，鼓励他把能做的事情做到且做好。

"温柔"的意思并不只是说话轻声细语，"坚持"也并不是在任何情况下都不妥协。温柔不仅表现在语气和态度上，更重要的是对孩子情绪和整体的接纳，让孩子感受到爱；坚持不是不让步，而是守住底线，底线之上灵活处理。

这样的态度会让孩子明白，他做不做当下的事与父母爱不爱他无关，纯粹只是一件孤立的事情而已。当然他做得好会更好，这是爱他的父母对他的一种期待，而且是他需要遵守的一种规则。

温柔地坚持，是处理冲突，让孩子"听话""懂事""不胡闹"最好的方式。既不会让孩子感受到不被爱，又不会打破给孩子订立的规矩，一举两得。当然，这里父母内心也需要坚定原则和清楚底线，孩子可以决定什么，不可以决定什么。

比如，孩子夜里九点上床睡觉，这是必须听从父母的事情，父母内心就要很坚定了，而且要态度一致。

到了晚上九点钟的时候，父母双方谁都可以去跟孩子说要睡觉了。如果孩子有些事还没做完，可以适当同意延长十分钟。但是九点十分，父母必须把孩子带到床上，关灯睡觉。不管孩子哭闹还是使劲乱动，都必须让他在床上。

我们可以在他哭闹时搂着他、爱抚他，这就是"温柔"；但不能让他因为做别的事情而不睡觉，这就是"坚持"。

"自主+规则"形成安全的好行为

早在1到3岁，即埃里克森心理发展的第二阶段时期，儿童便开始用自己的判断来替代大人的判断，会自己决定做什么或不做什么，所以这个阶段开始就是家长培养儿童自主性的好时机。

第六题　输不起的孩子？——儿童自主性培养和抗逆力训练

自主归自主，但这时期的孩子因为语言和行动能力增强，活动范围快速扩大，特别喜欢"折腾"，没有规矩。

既要给孩子定规矩、严要求，又要给孩子自由和自主权。只强调规则感，就过于抑制，很容易让人不快乐、有逆反心理；只强调给孩子自由性，让他完全听从自己的欲望和冲动，结果似乎更糟。

> 比如，一个2岁多的孩子，每天都是在家里折腾。他会把插头从插座拔下来，会自己按饮水机上的开关，会把垃圾桶里的垃圾统统倒出来，甚至会爬高去拿柜子顶上的东西，打开窗户看着外面的世界。如果任由他"折腾"，家里会一片狼藉，又充满安全隐患。
>
> 看到这样的情况，家长不管是转移孩子注意力，还是跟在身后不断制止："这个不能碰""快住手""不可以这样"……甚至暴力解决，似乎都不妥，势必会影响孩子的自主性。

那如何既能激发孩子自由探索，又能保证其安全和规则呢？这时就需要"自主+规则"这一技巧，也就是在一定规矩范围内给予孩子充足的自主权。

首先父母要确保环境的安全，比如把孩子能碰到的插座都用小工具做上防护，把剪刀、细碎的东西、易碎品等都收到孩子碰不到的地方，把桌角、床脚都包上防护等。除了玩具，父母也可以提供没有危险性并且不需要协助的用品或工具。

然后，鼓励孩子在这个安全又可探索的环境中自由活动，即使碰到一些困难也是没关系的。

当然，家长也可以主动发起孩子"自主"的活动，但需要先把事情做分类，以使其在"规则"的范围内活动。

第一类是完全由家长控制的事情。比如插座不能碰，晚上在外的时候不能一个人走……

第二类是由家长决定做什么，由孩子决定怎么做。比如睡觉时间到了，孩子来决定是听一个故事再睡，还是不听直接睡……

第三类是让孩子做力所能及的事情。比如读书时让孩子自己到书柜拿书并且翻书，吃了零食后自己把垃圾扔到垃圾桶……

"激励+协助"形成稳定的好习惯

我们很多人都是在打击和惩罚的环境下成长起来的，所以在教育孩子方面，很容易就采用打击和惩罚的方式。但当人在面临惩罚时，会产生战斗和逃跑的应激反应。惩罚会让人产生反抗，羞愧，生气，压抑自己的感受，或者寻找逃避惩罚的方式。所以，惩罚的结果会让矛盾升级，学习停止。

那奖励就一定是最好的方法吗？也不是的。很多家庭都发现奖励很管用，因为它的效果立竿见影。但也会带来不良后果，比如，我们让孩子学习，孩子想的却是我能从父母那里得到什么好处？很多心理专家都认为：奖励会降低孩子做事的内在动机和热情。

比如，一个妈妈正要带孩子出门，孩子坚持自己穿鞋。可是几分钟过去了，妈妈看着孩子要不就是伸不进去，要不就是弄错左右脚，很是着急。如果不帮忙，浪费太多的时间；如果帮忙，又担心伤害孩子的自主意识。怎么办呢？

面对于此，简单的奖励和惩罚似乎都显得很无力。也有很多父母会抢过来快速解决这些"小事情"，但这种做法会让孩子觉得自己无能且容易产生依赖性。这时为了形成孩子稳定的好习惯,就特别需要父母的"激励+协助"。

孩子毕竟是孩子,想要他们积极做事情,免不了需要经常激励;想要他们做成功事情,更少不了家长提供适当的支持和帮助。这时家长不妨说:

"孩子,一开始自己穿鞋是挺不容易的,看你都有点着急了,你真的是一个很自立的孩子!你可以想想看,把左右脚先对应放好再穿怎么样?如果需要帮助就告诉妈妈。"

还有,既然是提供支持,那不但需要花时间等孩子学会自己做,而且最好是不留痕迹的协助。

比如孩子学习穿鞋,就把鞋子调整得宽松一些;孩子在学习自己吃饭,就可以准备一套不会被摔坏的餐具;孩子在学习用筷子,就可以故意把菜切得大块些;孩子想自己拿杯子喝水,就把杯子放在安全易取的地方……

父母真正要做的是,用激励代替单纯的奖励,用协助代替盲目的惩罚。这背后传递的信息是:"我相信你愿意合作,并且提供帮助,我们是一伙儿的。"这对孩子来说,是非常有力量的。可以尝试去表达:

"你把玩具收拾完后,我们就一起去公园。哇,好开心哦,我都等不及了。如果需要帮助告诉我哦。"

"我看到你现在很害怕,我先把你从台子上抱下来,因为我担心你的安全,我们先下来冷静一下哦。"

而不是说：

"如果你把玩具收拾整齐，我们就去公园。你不收拾，就不去。"

"你就知道胡乱爬得那么高，我告诉你多少次了？真该让你在这里摔一下你才会得到教训！"

3. 培养孩子责任意识的三点建议

松下幸之助说过:"责任心是一个人成功的关键。对自己的行为负责,独自承担这些行为的哪怕是最严重的后果,正是这种素质构成了伟大人格的关键"。对孩子的成长来说,责任心的培养更是具有重大的意义。

在游戏中引导孩子的责任意识

对孩子来说游戏就是他们的"工作",尤其是年龄小的孩子。所以通过玩游戏、收拾玩具的过程培养孩子的责任意识,会变成一件很自然的事情。

对于三四岁的儿童来说,还属于被动责任水平,孩子能按照家长的指令完成肯定的任务,但这时的孩子只是一味地顺从大人,并不理解责任的意义。

这时开始引导孩子责任意识的话,需要家长给予他们具体清晰的任务话语,而且还是孩子愿意听、听得懂的语言。比如,"把玩具收拾好"这句话对3岁的孩子来说就很含糊,什么是收拾好?怎样做才算收拾好?孩子很难明白。

家长可以把要求表达得更形象直观些,比如说:"汽车该回车库了,否则要被人开走了!""笔要回到笔筒这个家里了,否则他就无家可归了,家里也变得空空,没人"……

这样就像做游戏一样。哄着孩子一点点把玩具收拾妥当,而实际意思还是要孩子把玩具放回原来的盒子、箱子或柜子里,但这样的说法很详细,也很直观、风趣。

当然,如果哪天孩子玩得很累,或有了其他爱好而没有主动收拾玩具,家长也不要马上就批评,可以引导孩子去自我发现:"你从前都做得非常好,今天怎么没收拾呀？是不是太累了！"

然后，家长再和孩子一起去做。我们千万不要给孩子贴标签，这样会打击孩子，他大概就真的不愿意去做了。

让孩子多参与家庭日常事务

让孩子在玩乐、学习之余承担一定的家务劳动，从而明白生活中不仅有享受，还必须负有一定的任务和责任。比如，饭前预备餐桌，饭后收拾餐桌、洗碗、倒垃圾、洗自己穿的衣服等。

尤其对于五六岁左右的孩子，他们已经开始明白"自己的事情自己做""小朋友们之间要互帮互助"等责任和规则，但是经常说到做不到。更多的情况是在大人提醒下能做到，自己不会提醒自己做，这一阶段是培养孩子责任心的关键期。

当孩子把换洗的衣服扔得随处都是，家长不要直接责怪孩子："你总是把衣服弄脏了还扔得七零八落，快收拾好，不然你自己去洗。"

而是用自我感受表达的方式去提醒，说："当衣服很脏乱的时候，我感觉很不开心，妈妈喜欢你把自己搞得整齐一些！"

慢慢地，孩子就会知道家长是想让他自己把衣服整理收拾，甚至是清洗一下，但这个行为不是任务，而是孩子自己悟出来并自动实践的。当孩子领会到了他在整个家庭里并不是无关紧要的，他也确实是被整个家庭所需要的时候，他对家庭的责任感也会油然而生。

给孩子创造承担责任的机会

要培养孩子的责任心，就必须让孩子在现实中学会承担，在参与中树立责任。所以，家长可以主动给孩子创造承担责任的机会，只需要向他们表达其行为之后的影响结果，孩子如果能感受到被认同，就比较容易激发他的责任意识。

> 比如，有一位母亲要带儿子去玩，出门的时候，父亲故意说："儿子，我觉得你已经是一个小男子汉了，替我照顾好你妈妈哦，记得把妈妈带回家来。"
>
> 一路上，儿子牢牢牵着妈妈的手，还时不时地问妈妈是否口渴。孩子认为，他的责任就是要把妈妈照顾好，把妈妈安全带回家。

如果是六七岁左右的孩子，我们还可以跟他们一起看赈灾、义演、义卖、捐助的电视或图片，并鼓励孩子参与进去，这都有利于培养孩子的责任感。因为六七岁的孩子虽然已经能理解责任的意义，他们知道对自己、对父母、对小朋友要负责，但是大多只是对责任心有熟悉感，并不能完全做出有责任心的事情，需要家长去引导和培养。

孩子通过行动的过程，就会得到对"责任"的一种实际体验，这样的心理体验多了，孩子的责任意识自然得到强化和进步。

总之，在培养孩子责任意识的过程中，家长可以允许孩子犯错误，但不能允许孩子推卸责任，更不应帮助孩子寻找理由躲避责任。不管孩子有什么样的过失，只要他具备承担责任的能力，就要让他去自己大胆地面对。

4. 培养孩子耐挫力的四项修炼

现在家长平时对孩子溺爱偏多,当孩子遇到生活中的打击,通常会更加难以承受。因抗挫折能力弱,孩子轻则做事半途而废、优柔寡断、自信心缺失,重则患精神疾病、自闭、自杀……

忽视孩子耐挫力的培养,有时真的很要命!那么作为家长,怎么样在家庭生活中,通过与孩子的日常互动,来修炼孩子的耐挫力水平呢?

"再坚持一会"训练

"再坚持一会"训练,陪伴孩子坚持做完一件事。

在日常生活里,孩子由于好奇,通常对很多方面极容易来兴趣,但也极容易三分钟热度。故而,家长可以这样进行坚持性训练:

让孩子自己选择一样喜欢的事情来做,同时要求孩子一旦选择了这件事就必须坚持到底,告诉他:"如果自己觉得有很大的困难,尝试过后还不能解决,是可以寻求帮助的,但不能轻易放弃,不然,就不要参与这项活动。"

例如,孩子说喜欢下棋、画画、跳舞、唱歌,兴趣爱好比较广泛,这时,爸妈就可以让他选择自己最感兴趣的一件事来做,告诉他:"你想好了,确定选择跳舞,今天就要坚持跳完20分钟哦。"

孩子开始非常专注地跳舞,过程中如果觉得辛苦、三心二意、不耐烦,想要放弃的时候,爸妈要给予监督和提醒,并安慰和鼓励他再坚持一下,直到他坚持跳满20分钟。

在进行这项训练时,当孩子坚持把某件事做完后,应通过表扬和奖励强化他的好行为。父母可以通过语言、拍照、录像、奖品,或者设置一个家庭

第六题 输不起的孩子？——儿童自主性培养和抗逆力训练

"展品区"等方式进行，可以把孩子努力做出来的"成果"都展示出来让大家看到，这能大大地激发孩子坚持的动力。比如可以告诉他：

> "跳得特别棒，如果你愿意可以帮爸爸个忙，你再跳一遍，我要录像录下来，给你妈妈和其他小朋友看，让他们都知道，你很有跳舞的天赋！并且，爸爸看到你中间即便觉得辛苦，还是说话算话，坚持到最后，爸爸觉得你特别勇敢和坚强。"

鼓励孩子学会坚持，引导孩子加强对自己行为的控制。孩子受到鼓励，对于跳舞的热情可能会更大了，不再只跳一半就做其他的事情。当然具体的说话内容，要随着情景的不同适当调整。

> 比如，孩子看书时，可以要求他在一个星期内从头至尾看完一本书后再换另一本；孩子系鞋带时，务必要求他系好一双鞋的鞋带；孩子闹着买了一盆小花，应当鼓励他每天完成浇水任务……当小事上能够坚持下来，习惯便成自然。

经过这样的训练，如果孩子能在某些事上的坚持得到加强，再做其他事情时也能坚持更长的时间，养成一件事完成以后再去做另一件事的习惯。

这里特别需要注意的是，父母在进行这个训练的过程中，一定要坚持原则，把握底线。

比如孩子跳舞才跳到一半，就请求休息让他玩一会。本来妈妈不许的，但是经不住孩子软磨硬泡，只好说："好吧，好吧，去玩一会，下次不许这样"。有了这一次，下次他很容易故技重演。尤其是开始的时期，父母一旦妥协与放任，会让孩子做事半途而废。这是我们需要注意的。

家长成长的心理及格线

"特定任务"训练

"特定任务"训练，陪伴孩子设定目标达成任务。

我们是最了解孩子能力状况的，所以可以为孩子一起设立一个长期、相对有困难的任务，并激发他去勇敢面对。因为有目标的孩子，会抑制不利于实现目标的想法和行为，进而向自己前进的方向努力，不轻易放弃。

比如我们家孩子很喜欢围棋，当她才5岁多时，小姑娘自己经常说要拿世界冠军。借机会我们就给她设"特定任务"了：

"想拿世界冠军特别好，如果得了世界冠军那真是有无数荣誉和掌声啊，妈妈以你为荣。不过，我们要想拿世界冠军，首先至少要成为职业围棋手，你真的想吗？"

孩子立即表示："想啊，我要当职业棋手。"

"那要想当职业棋手，就需要先把围棋业余的考级、考段完成，并达到最高的五段才有机会哦！"妈妈又说。

"那我要快点考完级位和段位。"

于是，我们就达成了目标任务：在幼儿园结束前考完业余五段。当然，这对于孩子来说，从十级考到一级，从一级升到一段，再从一段升到五段，越考难度越大，其中艰辛不言而喻。（不过，令我这个爸爸佩服孩子的是，考业余五段这个目标孩子她居然实现了，而且还提前实现了！）

对于难度较大的目标，家长一定要协助孩子将其目标分解，让孩子逐个完成小目标，或者分步骤依次完成。

我们可以陪孩子列出一个计划表，将达成目标的实施计划写下来，鼓励孩子朝着最终的目标前进。在完成小目标的过程中，家长还要继续给予适当的引导和建议，帮助孩子克服困难。

比如，我们同女儿讨论过：打算要用多长时间考过级位？用多长时间考过段位？在遇到考级困难的时候，我们允许自己失败几次？等等。

要注意的是，所设定的目标最好不要超过孩子的能力范围和忍受程度，避免孩子因达不到目标而产生挫败感，反而降低行动的积极性。尤其是小目标的建立，一定是要让孩子"跳一跳就能够得着"。

比如，我们家当时的设置为：

孩子的长远目标——幼儿园毕业考过业余五段；
孩子的中期目标——八个月内考过三段水平；
孩子的近期目标——每周完成哪几项作业。

长远目标即大目标，可以是孩子最真实的愿望和理想，让他以此为目标，朝着这个方向努力；在具体实施过程中，帮孩子把大目标分解成小目标（包括中期目标和近期目标），尤其是近期目标，一定要非常具体、可实现，这样他可以在未来的过程中不断体验实现目标的满足感和快乐。

当然了，生活中可订立的特殊任务有很多，比如孩子练钢琴、学画画、坚持徒步锻炼、爬山运动等，向一个目标一个目标前进并完成……再比如：做作业，能够在既定时间内完成；一个旅行，全程交给他来策划；一个习惯的养成，让他自己历经磨炼学会去坚持……

"直接碰壁"训练

"直接碰壁"训练，陪伴孩子在被拒绝的情况下健康成长。

家长成长的心理及格线

孩子天生会钻空子，所以几乎每个孩子都向父母提出过一些胡闹或无理的要求，这时候的家长必须坚决而明确地加以拒绝，让他直接碰壁，也就是果断说"NO"。当然，这里我们首先要明白，拒绝孩子不是为了拒绝孩子，而是为了以拒绝的方式帮助孩子更好地成长。

在有些问题上也不一定是拒绝，可以做些"延迟满足"，陪伴孩子学会在等待中拥有自信。坦然面对、静心等待是在逆境的最佳抗压武器。一个著名的"延时满足"实验，用漫长的时间证明了能够抵抗暂时的诱惑的孩子，必将有不一样的未来。

"延迟满足"实验，是在斯坦福大学校园里的一间幼儿园进行的。

> 研究人员找来数十名儿童，让他们每个人单独待在一个只有一张桌子和一把椅子的小房间里，桌子上的托盘里有孩子们爱吃的东西——棉花糖，或是曲奇和饼干棒。
>
> 研究人员告诉孩子们可以马上吃掉棉花糖，或者等研究人员回来时再吃，如果能等还可以再得到一颗棉花糖作为奖励。
>
> 他们还可以按响桌子上的铃，研究人员听到铃声会马上返回。对这些孩子们来说，实验的过程颇为难熬。有的孩子为了不去看那诱惑人的棉花糖而捂住眼睛或是背转身体，还有一些孩子开始做一些小动作——踢桌子，拉自己的辫子，有的甚至用手去打棉花糖。
>
> 结果，大多数的孩子坚持不到三分钟就放弃了。"一些孩子甚至没有按铃就直接把糖吃掉了，另一些则盯着桌上的棉花糖，半分钟后按了铃"。大约三分之一的孩子成功延迟了自己对棉花糖的欲望，他们等到研究人员回来兑现了奖励，差不多有15分钟的时间。

延迟满足不是要我们对快乐说"不"，而是帮助我们达成短期快乐与长期收获之间的平衡,让生活越来越甜。

很多时候,孩子明明可以自己完成,却要求我们家长替他来做。比如,凌乱的玩具满桌子,自己不收拾,非让爷爷奶奶帮助收拾;孩子的某样玩具掉地上了,他自己不捡,非让妈妈帮他捡……可实际上,他只要三两分钟就可以收拾好,他弯个腰就能捡起掉在地上的东西。

这样的孩子长大了,一旦遇到事,就马上让父母帮忙,一旦没有父母的保护和帮助,会脆弱得不堪一击。因此,家长要实施这个训练,得先要过了自己这关,下决心。决定好了,就需要坚决表达拒绝,让他自己收拾,自己捡。

家长在拒绝孩子的时候,不要跟孩子争辩太多,但必须以尊重、平等、温暖的方式和态度跟孩子说话,这样孩子才更容易地接受。

值得提醒的是,当孩子不愿意做自己有能力做的事情时,家长不要轻易因为孩子撒娇和哭闹就妥协。有些家长可能会问,什么样的事情家长该妥协,什么样的事情家长不妥协。一般我们的原则是:

(1)规定孩子自己房间内的事情必须自己做,例如整理衣物、寻找丢失的东西等。

(2)规定孩子每周可以提出3个重要的要求,并能够得到满足,超过3个,需要由家庭成员商议来决定是否可以满足。

"输赢心态"训练

"输赢心态"训练,陪伴孩子学会正确面对成败得失。

家长通常都会参与孩子的游戏和互动,而只要是游戏和互动就难免有竞争,也就少不了受挫。所以通过活动和游戏中的输赢和成败,可以训练孩子的耐挫力。

比如，为了让孩子对输赢有正确的看法，父母可以在陪孩子玩小游戏或活动时，故意输给他，然后表现出不高兴，但一转身就说："这回我输了，只要我努力，下回一定能赢你。"

这是很好的榜样作用。慢慢地多玩几次，有输有赢，孩子再输就不那么计较了。每当这个时候，父母就大大地表扬他们：

"啊！你也不怕输了！其实输也没关系，关键是我们有没有反败为胜的勇气。遇到暂时的困难和挫折都不是失败，能够完全打败自己，让自己感受到真正失败的，恰恰是自己。"

当孩子钻牛角尖的时候，我们要帮助、鼓励他们寻找真正的原因。不怕面对失败的心态和快乐迎接成功的心理同等重要。

以上四点，在培养孩子耐挫力方面很重要，当然除此之外，也可以带孩子多接触社会和自然，以增加孩子遇到天然挫折的机会。记住，在孩子遇到挫折的时候，帮助和引导孩子面对问题，积极思考多种解决方案，及时肯定孩子做得好的部分，引导孩子自己解决问题。

"挫折对于孩子来说未必是件坏事，关键在于他对待挫折的态度"。我们作为父母，有义务教育孩子正确地去面对挫折，并让他们培养、修炼出良好的耐挫能力。

训练与测验　儿童行为塑造实用工具——代币法

"代币法"是行为训练的一种，又称"标记奖酬法"，即用奖励强化所期望的行为，用惩罚消除不良行为而达到目的，尤其适合儿童积极行为的塑造。

所谓"代币"就是真正奖励物的暂时代替，如"小红花""红五星"之类的东西，通常对于11岁以前的孩子效果显著。

具体的做法如下：

（1）父母必须了解孩子的兴趣与愿望，比如：孩子最喜欢的东西、最想要的玩具、最想去的地方、最爱吃的……

（2）父母与孩子一起罗列出需要改善的行为，比如注意力不集中、功课拖拉、吃饭不专心等。

（3）按照从易到难的顺序将行为排序，并从中选择几条给出具体的目标，比如：每天晚上8点半之前完成功课。

这里特别要指出的是：一是行为目标表述一定要具体、明确，而不能像"注意力要集中""要抓紧时间完成功课"等如此抽象；二是刚开始实施时，行为选择不宜过多，一般不超过5条，而且一定要至少有2条是孩子容易做到的，给他们以信心坚持。

（4）确定"代币"的表示方法，如：打√，或者记"红五星"，或者给"小红花"等。

（5）确定行为达到时可以得到的"代币"数量，比如：每天半小时内做完功课，奖励一颗红五星；每天1小时内做完功课，记10分；每天2小时内做完功课，记5分；能做得没有错，奖励一颗红五星；能自觉进行10道口算，记10分；15分换一颗小红花……

（6）确定"代币"与奖励的兑换标准。刚开始的时候，兑换标准最好细一点，将孩子可能赢得的最少"代币"的奖励考虑进去，而且要记得将物质与精神的联系起来。

比如：获得一颗红五星，可以奖励看十分钟电视；获得两颗红五星，可以奖励买两块巧克力；获得五朵红花，可以奖励外出旅游一次……

（7）确定"代币"兑换的时间，比如每周五的晚上。当然，刚开始的时候，可以两天给孩子兑换一次，激发孩子的兴趣。

（8）在执行过程中，特别要注意：

A. 不倒扣，只记录孩子积极的行为，而不要因为孩子的某次消极行为而将以前的代币取消，比如：孩子周一做到了，而周二没有做到，千万不要将周一的成绩也一并取消了。

B. 强调"连续性"，也就是如果孩子能持续出现某个目标行为，那么就加大奖励，因为"连续性"是形成习惯性的基础，如果孩子为了得到"代币"与"奖励"而连续保持某个行为，那么三个星期后该行为将逐渐成为习惯。

C. 奖励来源的合理控制，减少有干扰性的盲目奖励，即在实施"代币"的过程中要家庭所有成员一致配合，使孩子得到奖励的来源尽可能唯一化，而不要出现"妈妈不给，爸爸或奶奶给你"这样的矛盾情况。有一人随意改变代币规则都可能使"代币法"无法顺利进行。

（9）为了记录方便，最好做成一系列记录表。

第七题

对孩子性教育如何"启口"?

——儿童性教育操作与实务

"你嫌给宝宝做性教育太早,但是变态大叔不会嫌你家孩子太小……"

从孩子第一次触及一个与性有关的问题或行为的时候,性教育就要开始了……

- 📁 家长在儿童性教育中的误区
- 📁 家长怎样对孩子进行性教育
- 📁 儿童性教育中十大的"尴尬"问题
- 📁 儿童性猥亵的紧急应对和识别

1. 家长在孩子性教育中的误区

解除家长对性的敏感性

对孩子进行性教育,已经成为刻不容缓的事情,但是很多家长都存在着侥幸心理,总是认为不幸的事情都只是电视和电影中的故事,离我们很遥远。有些家长虽意识到对孩子进行性教育是必需的,但是又觉得这是个很尴尬的难题。

那我们要怎么解决这些问题呢?进行儿童性教育的第一步,是作为家长我们首先要解除对性的敏感。

很多的家长,还处在一个谈性色变的阶段,其实性欲和我们饿了要吃饭的食欲,困了要睡觉的欲望没什么不同,是人类一种很普通的欲望。

> 当你饿了的时候,也许刚好要等一位朋友一起吃饭,所以你需要暂时控制你的食欲;
>
> 当你困了想睡觉的时候,你也许要喝一杯咖啡提神,来完成你今天必须要完成的工作;
>
> 当你想大哭或者大笑的时候,你会看看周围,周围的环境,周围的人群是否允许自己这样的情绪释放……

性欲亦是如此,我们会受到周围的影响和限制。再加上,东西方历史上的长期性禁锢,使得性文化和性科学长期停滞,我们更加对性欲羞于启齿。

这里,我要为大家澄清一个概念,性是一个很广泛的概念,性学囊括性研究、性教育和性治疗等。其中性教育的范畴涵盖:身体发育的生理知识、生殖器官的卫生保健知识；性别角色方面的教育；两性之间协调与交往的知识与技巧；性道德、性伦理知识……

我们在探讨儿童性教育的问题上，不是聚焦在传统意识里的性交这一件事上，而是更广泛意义的性。

在中国，性教育的普及还相对较弱。已经做父亲母亲的80后、90后是在一个很少有性教育的环境下长大的，所以当他们做了父母以后，同样很难有好的性教育经验来教给孩子。

既然不能靠经验，那就需要我们做家长的从思想上真正地接受性教育，能够把性欲看成是人类生存、生活的普遍欲望，不再难以启齿，不再遮掩羞涩，这就是对孩子进行性教育成功迈出的第一步。

儿童性教育的四大观念误区

第一步已经迈出，那我们是不是就可以很顺利的迈出第二步、第三步呢？答案显然不是的。

因为根深蒂固的观念，会让我们的思维固化，会理所当然地对性教育停留在潜意识的误区里：

第一个误区：家长永远的侥幸心理。

我们的家长在问题没发生之前都觉得："这种事应该不会发生在我的孩子身上，我的孩子还小，幼儿园也是很好的幼儿园，老师很和蔼可亲，我应该没有必要去跟孩子说这些。"

但还是那句老话，"你嫌给宝宝做性教育太早，但是'变态大叔'不会嫌你家孩子太小"。尤其临近10岁这个阶段是性侵案件的高发期，这个年龄的孩子抵御伤害能力小，防范意识薄弱。家长的侥幸心理，会为孩子的健康成长埋下重重的隐患。

第二个误区：性侵害问题女孩子会比男孩子多。

事实上，男孩遭遇性侵与猥亵的概率一点都不比女孩子低。

一方面因为社会环境和文化的影响，男孩子在遭遇性侵和猥亵时，孩子和家长选择沉默，不予追究的比例更高。

另一方面，由于我国现行刑法中强奸罪受害主体只认女性，不认男性，对男童实施的性侵犯罪，不管是猥亵还是情节更为严重的奸淫，都只能以猥亵儿童罪进行处罚。猥亵儿童罪最高的刑期只有5年，这与奸淫幼女最高可判死刑相比，震慑力明显不足，也一定程度让性侵男童者"肆无忌惮"。

第三个误区：对孩子进行性侵和猥亵的多数都是陌生的"怪叔叔"。

实际上对儿童性侵和猥亵的七成都是熟人，其中不乏老师、邻居、亲戚等。这与我们给孩子性教育的缺失，以及中国人际交往中的面子文化等有很大关系。

中国的父母在孩子被亲戚、朋友"抱抱、拍拍脑袋、搂过来亲亲"时，对孩子表现出的抵触情绪，不以为然，甚至觉得孩子如果反抗的太强烈，是不礼貌的，自己很没面子。还一味教孩子"听话""亲一下不要紧"。

而恰恰是这些举动，可能会使幼儿不了解自身的权利边界。在父母不在场时，错误地将长辈和陌生人对他的性侵和猥亵行为，认为是表示友爱的一种方式，错误地认为自己应该"听话"，选择不抵抗。

曾经有一所学校的老师性侵了很多孩子，事情暴露后孩子告诉大家："老师摸我的时候会跟我说，这是老师表达喜欢的一种方式，老师是喜欢我才会摸我。"

第四个误区：孩子长大以后自然而然地就会了解性。

家长常常会说："我们小的时候不是也没人教育，我们现在不也很好。"

第七题 对孩子性教育如何"启口"？——儿童性教育操作与实务

这首先源于我们上一代家长对孩子性教育方面的无知。

其次，家长要注意的是，时代在变迁，科技在发展，现在的社会环境，已经不是家长小时候的环境。如果我们不对孩子进行性教育，在孩子的发育中，遇到与性相关的问题，他们会上网查询。但是网上纷乱复杂的信息，孩子因为无法分辨，反而会产生一些错误的认知。

也有一些家长提出疑问："性教育会不会让孩子对性产生极大的好奇并提前发生性行为呢？"

前边我们已经说了，性行为只是性教育中的很少一部分。我们在对儿童进行性教育的时候，不会和小朋友解释具体的性行为过程；同时，我们发现不管有没有性教育，孩子的性行为年龄都在提前。

而当我们告诉孩子性行为是什么以后，孩子会明白自己要什么，不要什么，反而会在性行为这件事情上有更好的判断力。

2. 家长怎样对孩子进行性教育

何时开始对孩子性教育

很多家长首先会问，到底该在哪个年龄段对孩子进行性教育呢？

答案是：从孩子第一次触及一个与性有关的问题或行为的时候，性教育就要开始了。

孩子到了3—6岁的时候，你会发现孩子特别喜欢"自慰"，具体来说是喜欢触碰自己的生殖器官，这表明孩子正逐渐步入"性蕾期"。这是孩子性发育的第一个高峰期，夹腿，夹被子，摸生殖器。

家长切不可错误地干预这个行为，因为这个时期孩子是通过摸生殖器来体验性的舒适，被家长打断以后，长大后容易对性产生消极体验。

我们需要做的是对孩子进行合理引导，比如：手脏的时候不要摸自己的生殖器，不要在别人面前摸自己的生殖器等。告知孩子们："这些部位是我们很宝贵的身体器官，是隐私部位，不能在人前玩。"

随着孩子的长大，他们会不断提出一些和性有关的话题，我们要满足和解答孩子的好奇发问。

小朋友经常会问自己爸爸妈妈，他是从哪里来的？在中国，很多家长都会调侃，你是垃圾桶里捡来的，你是充话费送的……我们以为这是一种很幽默的玩笑，既可以不用很尴尬，来和孩子解释关于性的话题，又显示了自己机智和幽默感。

但是我们却忽略了孩子的感受，孩子在问出这个问题的时候，内心中是敏感的，态度也是很认真的，但家长敷衍和隐晦的态度，不仅让孩子产生同父母的疏离感；同时还产生自卑感，因为她来到这个世界的方式，是那么的

第七题　对孩子性教育如何"启口"？——儿童性教育操作与实务

随意和没有价值。

那么究竟该怎么回答呢？答案就是告诉孩子真相，用比较有想象力的方式形象地告诉孩子真相。

比如直接告诉孩子："你是从妈妈的肚子里来的，每个妈妈身体里都有一条通道，像走廊一样，叫作阴道，宝宝就是从阴道里出来的啊。"当然家长最好可以借助各种儿童性教育的绘本、图片、视频等，来和孩子解释关于精子和卵子的故事。

如何开口对孩子性教育

儿童性教育中，最重要的一个部分，是提高儿童对自己身体的认识和安全保护意识，进而防范性侵和猥亵。尤其是在孩子上幼儿园之前，应该掌握两个最基本的关键点：

一是，我们的身体是有一定界限的，尤其是隐私部位，不可以给别人看，不可以给别人摸。

二是，当我们遇到自己身体被触犯的时候，一定要回家告诉爸爸妈妈，不要为坏人保守秘密。

教孩子认识身体的界限，最常见的一句话就是：我们的裤衩、背心盖住的地方就是我们的隐私部位，都不可以随意给别人看，也不能随意给别人摸。

> "因为它们是我们身体重要的部位。我们应该保护好它们。当有人提出要脱我们的衣服，并且要摸我们的隐私部位的时候，我们一定要拒绝，并且大声喊叫。事后也要把这件事情告诉家长。"

再比如，父母在给孩子洗澡的时候，我们可以告诉孩子这些界限：

"爸爸妈妈现在看你裸体是为了帮你洗澡,为了保证你的健康,除了爸爸妈妈,其他时候我们的隐私部位是不能给别人看或者给别人摸的。同样,你也要学会给自己洗澡,这样子爸妈以后也不会去看你的隐私部位了。"

为了判断自己的孩子是否知道什么是隐私部位,家长可以在纸上画两个小人,一个男孩,一个女孩。尝试让孩子用纸笔在画上给隐私部位画上衣服,直到孩子能够在小人的隐私部位上清晰地画上衣服。

当然家长也可以和孩子玩情景模拟的小游戏,父母角色扮演其他人提出要去触摸孩子的生殖器官,让孩子在具体的场景下做出拒绝的反应,不断训练孩子应对的能力。

当然不仅仅是我们身体的隐私部位,还要告诉孩子对于任何不喜欢的身体接触我们都要学会拒绝。当然,我们可以教孩子如何去礼貌地拒绝。

比如告诉孩子,假设有长辈做出自己不喜欢的身体接触,可以大胆直接地告诉对方:"我知道你喜欢我,但是我不喜欢这样的身体接触。你可以不可以跟我握手表示友好?"

这样既不会让对方觉得尴尬,也让孩子更加懂得拒绝。也不限于此,家长可以多些思考。我相信,假如在"懂礼貌被性侵"和"不懂礼貌不被性侵"中做选择,大家都宁愿选择孩子"不懂礼貌不被性侵"!

3. 儿童性教育中八大"尴尬"问题

儿童本身的好奇心，就使得她们特别喜欢提问题，在她们询问没有结果，却又看到家长"眼神"和"行为"在四处躲闪时，这种好奇心就会被放大，而对于与性有关的问题更容易如此。

家长在面对孩子与性有关的问题时，既需要保护孩子的这份好奇心，不回避问题；也要给孩子健康的性教育，平常心作答。最重要的是，父母回答的态度与技巧，本身就在传递关于性的价值观。

为了给大家提供一些参考，这里总结了儿童性教育中8个常见的"尴尬"问题。

"为什么我没有小鸡鸡？"

"为什么弟弟有小鸡鸡，我没有呢？"做家长的有时突然被孩子蹦出来的这句话给搞懵了，面对萌萌的又很认真的女儿，我们不知怎么回答。

当然大了的孩子不大会问这个问题了，所以一般孩子小的时候，尤其3岁以内，家长回答越简洁、清晰越好。我们可以直接告诉她："因为你是女孩子，他是男孩子，女孩有阴道男孩没有；男孩有小鸡鸡，女孩没有。"

但，如果是3—6岁的孩子问，通常不建议告诉她"你没有小鸡鸡"，因为3—6岁的小女孩会在与同龄男孩子的比对中产生一定的自卑心理。

在弗洛伊德的心理动力理论体系里也特别提到：这个时期的小女孩开始认识到自己与男孩不同，小女孩发现了男孩的生殖器官后，也很希望自己有一个，会产生对男孩小鸡鸡的羡慕感，没有阴茎使她感到不完整或不充分，使她们感到委屈，伴随着缺乏阴茎而引起的自卑，甚至产生"阴茎嫉妒"。

家长成长的心理及格线

所以"没有"这个概念有时候会让女孩在与同龄男孩子的比对中产生一定的自卑心理。这个时候，比较理想的解释是："男孩的小鸡鸡"叫作阴茎，阴茎比较大，长在身体外面；而女孩的"小鸡鸡"是扁扁的，从外表看只是一条缝隙，其他的部分都隐藏在身体里了，从外面看不到。

也就是传递给她一个信息："女孩也有，只是跟男孩不一样"。

夫妻房事被孩子撞到了怎么应对？

首先，我们要表明态度，夫妻生活属于隐私，不仅是要回避外人，也要回避孩子；不要因为孩子小、不懂事，就没有回避小孩。

在日常的婚姻咨询案例中，很多人都表达说："小时候目睹过父亲母亲的性爱过程，心里又好奇又害怕，自己继续装睡，父亲母亲应该没有发现。"

一般的孩子会认为那是父亲在"欺负"母亲。于是他们会或明或暗地表现出对父亲的排斥和敌视；也有一些孩子因目睹了父母房事后会很好奇，进而千方百计再找机会偷看，或者去寻找机会加以模仿，在伙伴中玩起"性游戏"。

总之，如果小孩子目睹了成人的房事，没有做好及时的引导和教育工作，长大后极容易有心理阴影，严重者造成心态和行为上的扭曲，甚至影响长大成人后的婚姻生活或性心理。

但，即便我们刻意去避开孩子，还是有些家长会遇到"被撞现形"的窘境。被孩子发现了，应该怎么办？

首先，没必要神经紧张、遮遮掩掩，父母越是避而不谈或严厉斥责，越会增加性爱的神秘感，激起孩子的好奇心，孩子可能偷偷地自我探索。更不能恼羞成怒、责骂甚至痛打孩子。

正确的做法应该是：通过引导和交谈，帮助孩子理解他所看到的东西，引导他表达感受和情绪,向他解释。借此让孩子知道性是一件美好的事情而不是羞耻的事情,不要让孩子对性产生负面的理解。

让孩子正确认识到:"他们做爱,是因为他们相爱。父母间的爱有别于他们对孩子的爱,是恋人之间爱的表达方式,正是这种爱的表达方式,我才会出生。"

告诉孩子,只有彼此相爱的大人才可以这样做,孩子小时候是不能模仿的,因为小孩的身体还没有发育成熟,这是成人的行为。用坦诚与坦然的态度,在孩子幼小的内心埋下"性是美好的,但性行为需要自我控制"的种子,帮助孩子形成健康的性观念。

"大人为什么会亲嘴?"

在生活中,或电影、电视等媒介中,看到大人在接吻,孩子问:"为什么她们会亲嘴?"

一般面对这个问题,我们是告诉孩子:"因为她们互相爱恋、互相喜欢,她们在用这样的方式互相感受对方的亲昵。"但,话题到这里并不能结束。

因为不管孩子接下来会不会继续发问,如果这个孩子认真领会了你的解答,那他都会有一种思考:"是不是我喜欢的人,和表示喜欢我、爱我的人都可以这样做呢?"

所以这是一个好机会,借机告诉他,表达喜欢和亲近有很多种方式,这只是其中的一种,我们的孩子,他可以自己决定去亲谁,以及允许谁亲他,不过都是要双方愿意的。对于一般的朋友不会去亲,或者在同意的情况下,只有手等一些部位可以亲。我们顺便告诉他自己身体的界限。这里前边已经做过讲解,就不再赘述了。

即便是家里的亲人,比如爷爷、奶奶、外公、外婆,或者叔叔、婶婶,也只能在宝宝愿意的时候才能亲他。

事实上，每一次我们被孩子提问，或者挑战的时候，都是一次绝佳的教育良机。

"爸爸，我要和你结婚！"

很多家庭会遇到这样的情况，女孩特别粘爸爸，尤其3—6岁之间的女孩，同妈妈去争爸爸，要爸爸陪着睡，还会说要嫁给爸爸。这样的时刻往往令父亲尴尬，母亲无语。该怎么应对呢？

女儿崇拜着爸爸，觉得爸爸最帅，要嫁给爸爸，爸爸开心之余要明白，不一定是因为爸爸真的很帅，这其实是"恋父情结"的体现。

女儿最早、最多接触的异性，是自己的爸爸，从儿童心理发展的过程来看，在孩子3—6岁期间，她们或多或少都会体现出这一情结。孩子将爱意投射在异性爸爸身上，在爸妈之间，他们带着些妒意，也想表现自己的爱，试图在父母间当个"第三者"。

同样，这种情况也会出现于儿子对妈妈异乎寻常的喜欢，恋母情结，儿子想要娶母亲。

面对女儿这样的情景，不管是爸爸还是妈妈，都应该有所表达。爸爸清晰而充满肯定地回答女儿："我非常爱你，就像爱你妈妈一样，尤其你身上的善良……（某品质）像你妈妈一样棒！"

"你们我都很爱，这让爸爸内心感觉很开心很快乐，但是，你不可以和爸爸结婚。不过，你长大后会和一个你很爱、也很爱你的人恋爱、结婚，组成家庭，也会有孩子，就像我们现在的家庭一样，会很幸福地生活在一起。"

这样说会让孩子明白，结婚是美好的，也充满期待，自己要快点健康快乐地长大。

"为什么你有奶奶（指乳房），我没有？"

不光小女孩有阴茎嫉妒，小男孩也会有乳房羡慕。不管是男孩或女孩，乳房都具有一种不可思议的魅力，它的作用不仅是饭堂，更是一种从小的安全感，特别是对男性而言，更是一份永久的向往与童年的美好回忆。

睡觉时喜欢抓，只要在可能触碰到的时候，孩子都会想去触碰一下，也最容易问："妈妈，为什么你有这么大的奶奶，我没有啊？"

我们可以慢慢地告诉她："这个叫做乳房，女人都有乳房的，当小孩比较小的时候，相对比较弱小，做妈妈的要靠乳房给孩子亲近和温暖，并且用它去喂养孩子长大。因为宝宝很小的时候还不能吃普通的食物，必须用乳房喂他奶吃"。

"所有的女孩子长大后乳房都会变大，有的人会大一些，有的人会小一些。刚刚生过宝宝的女人，乳房里因为会有奶，所以会变得更大一点。当你成为妈妈时，你就会有奶去喂你的小宝宝"。

当然这个时候，我们可以顺便给她讲讲她婴儿时期是如何吃奶的美好回忆，不但能帮助她理解，还能进一步地促进亲子感情关系。

"爸爸，为什么你的鸡鸡有长毛啊？"

小男孩有时注意到爸爸洗澡或换衣服，然后问："为什么你的鸡鸡有长毛，我的鸡鸡没有啊？"

当男孩看到自己的小鸡鸡很小很白，而爸爸的和自己相似却又不太一样，且长着黑毛时，一般都会充满好奇和疑虑，甚至会吓一跳，他们盯着看它。

在孩子问出这样的话的时候，作为家长，我们可以认真告诉他：

"生殖器官等部位，是很重要的地方，所以才有毛来保护它。就像我们的头，不但有硬硬的头骨来保护，还要有头发保护它；我们的眼睛，有眼睫毛在保护，我们的嘴巴有胡子在保护……因为非常重要，需要保护。

当然，你的小鸡鸡也很重要，也会被保护的，只是现在你还小，等你长大了，上中学时，也会变得跟爸爸一样，不但在小鸡鸡这里，还会在下巴上、腋下、腿上长出毛毛……"

当然，如果问问题的是女儿，直接而又简单的回应基本就可以了："长大以后，不管是谁的小鸡鸡都会长毛，都会变大。"

"我是从哪里来的？"

回答孩子这个问题的时候，一定要态度坦诚。前面也谈到过，千万不要跟孩子胡乱搪塞，开玩笑，说什么垃圾桶里捡来的，大桥下边拾来的，石头缝里冒出来的……会让孩子很迷茫甚至很嫌弃自己。

可以直接告诉他，是从你妈妈肚子里生出来的；作为母亲的可以直接指着自己的肚子说，孩子是从妈妈的子宫中长大的。尤其在带孩子出去玩，碰到怀孕大着肚子的孕妇时，更可以借机给他指一指，讲解一下。

如果孩子进一步追问，"我长那么大，怎么从你肚子里出来的呢？"

我们只需要直接告诉他，他是从一个特别的通道里面出来的，那个通道叫作阴道。如果是女孩，我们可以告诉她阴道就在排小便的洞洞后面，在帮她洗屁屁的时候可以找机会告诉她；如果是男生，就没有必要多作解释了。

如果他还追问你，"我怎么就进到你肚子里了呢"？这时我们可以进一步解释说："长大后，相爱的男人和女人会互相亲近，男人的精子就会进入到女人的身体中与卵子结合，并且在里面长大。你就是这样长大的，所以，你

第七题 对孩子性教育如何"启口"？——儿童性教育操作与实务

是父亲母亲爱的结晶。"

"我为什么不能站着尿尿？"

孩子有时候会突然问"为什么我们幼儿园的男生都是站着尿尿的，为什么女生不能站着尿尿呢？""为什么爸爸可以站着尿尿呢？"

"因为他是男生你是女生啊"这种回答过于简单，孩子不易理解和接受，接着也会问，"那为什么男生可以，女生不可以啊！"

其实不同性别的不同小便方式，是人类长期进化、自然选择的结果，而不是人们从头开始的硬性规定。孩子尽可以去尝试她们的小便游戏，当女孩子看到尿湿的裤子或地板时，会感到这样做的确很不方便，她们自然会放弃这种游戏行为，会在体验中得到成长，自然也会遵从正确的选择，大人不要怕麻烦。

"你是个女孩子，以后长大会成为女人，像妈妈一样。爸爸是男人——长大的男孩子。男孩子和男人都有'鸡鸡'，而他们的尿，也就是'小便'从他们的阴茎出来，他们撒尿就像茶壶一样，他们有个茶壶嘴儿，所以站着小便也不会尿湿裤子"。

"女人和女孩子有阴道和尿道口，我们的尿从那个小开口出来，因为它是在两腿之间，所以我们蹲着或坐在便池上小便"。

这种回答方法很明确地给孩子讲述了男女在排泄器官上的不同，让孩子能够以一种科学的认识来看待这些"奇怪的不同"。

总而言之，孩子问的问题有时会令我们防不胜防，这样的时刻对我们来说是挑战更是教育的良机。家长应该坦诚以对，说真相，只有孩子从你的解答中获得满足感，这些问题本身才不会成为一个或隐或现的问题。

4. 儿童性猥亵的紧急应对和识别

儿童性猥亵的紧急应对

对孩子进行良好的性教育，可以有效预防孩子被性侵和猥亵的危险。但，凡事都没有绝对，万一不幸还是发生了一些或轻或重与性有关的事件，我们应该怎样面对呢？

比如，某一天孩子放学回到家，无意间说出："今天在幼儿园，老师摸了我的小鸡鸡好几次！"

那对此案例，作为家长我们该如何应对呢？

首先，家长要做的就是先稳定好自己的情绪。

因为家长的情绪反应会带给孩子最直观的感受，所以在听到孩子讲述他在外面遭受猥亵的事情时，大人首先要控制好自己的情绪，然后告诉孩子："老师这样摸了你的小鸡鸡，他这么做是不对的。这是你的隐私部位。"

这里，千万不要责怪孩子。任何的责骂，不但残忍，也让孩子得不到支持，更使得孩子在以后的生活中遇到类似的事情不敢和家长说。有些孩子在遭受了严重的性侵后，在很长时间内选择沉默，几个月，甚至几年。最初也许他们是想向父母求救的，但因为父母的反应和回应，使得他们不敢说，害怕沟通。

第二步，要表扬孩子，给孩子最大化的支持。

告诉孩子："你能够告诉爸爸妈妈是非常正确的，这件事情你做得非常好，这不是你的错，爸妈也不会生你的气的。爸妈知道你很害怕，很生气，爸爸妈妈和你一样很生气……

你告诉爸妈了，爸妈才能更好地保护你。放心，不管发生什么，都有爸爸妈妈在你身边陪着你，保护着你。"

第三步，家长要对事情有正确的重视度，并做出妥善后续处理。

问清楚孩子具体事情经过，要及时去找相关老师交涉，但同时注意，尽量不要带着孩子一起，避免在沟通中有任何过激的行为，对孩子产生二次伤害。

这里处理的重点应该是：表扬和鼓励孩子把这样的事情及时告诉了家长，以及在遇到这样的事情，孩子学会拒绝。而不是：向孩子传递这件事情很严重，甚至批评孩子。

曾经有个无法与异性建立亲密关系的女孩来求助，在她的叙述中，我们了解到，她小的时候曾与一个男孩子玩儿童性游戏。两个小孩脱了衣服互摸生殖器，回家以后她如实告诉了母亲，结果母亲大怒，带着她到男孩家，向男孩家长要说法。

女孩说她到现在一直清晰记得，她母亲大声地向对方的家长吼："我女儿一辈子的清白都被你儿子给毁了，真是丢死人了，你要她以后怎么做人！"

成年后，每当自己想与男性更进一步发展亲密时，她耳边都会萦绕起这句话，会很自卑，与异性的交往也受到影响。

童年时代遭遇性侵和猥亵后，如果没有得到很好的心理疏导，成年后可能会形成各种问题。比如对亲密关系恐惧，厌恶身体接触，性欲减退，性取向偏差，严重者甚至导致抑郁、焦虑、自杀。

所以，除了要给予孩子正确的性教育以外，如果遇到了我们解决不了的情况，一定更要及时求助专业的心理医生。

家长成长的心理及格线

儿童性猥亵的判断识别

既然童年时代遭遇性侵和猥亵对孩子心理健康影响深远,那及时处理就显得意义重大。

孩子如果主动告诉家长,只要家长有这个意识,至少一切尚可应对;但可怕的是很多孩子在遭遇此种事以后,因为各种原因,没有告诉家长,这就需要家长们有足够的敏感性判断和识别了。当孩子出现某些语言或者行为的时候,一定要警觉孩子为什么会有这样的行为,是否遭遇了性侵犯?

那我们作为家长可以通过哪些方面发现孩子的蛛丝马迹呢?

一般从生理上判断,孩子的生殖器官出现受伤、出血或者感染的现象。又比如孩子两腿内侧有红肿、瘀伤的情况。

当家长发现孩子有这种情况的时候,千万要耐心询问孩子为什么会这样?是不是别人碰到的或者别人伤害到的?如果是生殖器受伤或者瘀伤等比较严重的,要及时带孩子去医院检查。

另外,遭遇性侵的孩子在行为上也会出现一些异样,比如孩子会睡觉不踏实,经常做噩梦,而且性格变得容易发脾气、不断攻击他人或者突然变得不爱说话,恐惧他人。尤其是对某些人、某些地方变得特别抵触,拒绝与他人接触或者去某个人的家里。

这时候家长一定要留意,孩子为什么这么抵触这个人,事出必有因。要么这个人一直欺负孩子,要么就是更严重的事情。

第七题　对孩子性教育如何"启口"？——儿童性教育操作与实务

曾经遇到过一个案例，女孩在姨妈家里被表哥性侵。

从此，这个女孩就特别抵触去这个亲戚家里，即使逢年过节走亲戚的时候，她也不愿意和父母一块去。但是，不知情的爸妈反而一味指责孩子越大越不懂事、没礼貌，结果后来孩子差点自杀。

如果家长懂得走近孩子，当发现孩子对表哥家特别抵触时，关心并问问孩子原因的话，不至于差点酿成巨大悲剧。只要我们用心留意这些特殊迹象，也许不是性侵，但是一定有它的原因。

毕竟，孩子一般遭遇性侵害后，通常的心理反应是：

第一，这是一件不好的事情，我不能让爸妈知道，不然他们可能会打我骂我的——解除的办法是，告诉孩子：

"爸爸妈妈很高兴你这把这件事情告诉我们，说明你信任爸妈。爸爸妈妈永远是你最大的支持，不会骂你打你。"

第二，孩子会觉得这是我的错，这是一件丢人的事情，我不能让别人知道——解除的办法是，告诉孩子：

"这不是你的错，真正做错事情的人是那个坏人。我们小朋友没有做错事情，而且这也不是一件丢人的事情，只有告诉了爸妈，我们才能更好地保护你。"

第三，孩子会觉得如果我告诉别人，侵害我的人会打我，甚至杀了我和我爸妈——解除的办法是，告诉孩子：

家长成长的心理及格线

"坏人觉得你还小,好骗,所以他会吓唬你这么说。但其实警察会保护爸爸妈妈的,爸妈也可以保护你。坏人很快会被抓进去。他就是觉得你小,骗骗你的。"

当然,如果家长真的发现孩子遭遇了性侵害,并且孩子已经出现了很多负面的影响,那我们一定要找专业的心理工作者介入!

训练与测验　儿童性教育中家长解除敏感性的训练

想要对儿童实施性教育，家长首先要解除谈性色变的尴尬境地。这里建议家长可以分三步进行：

第一步，先由夫妻谈论孩子的性教育问题。比如：

"老公，对于性，我也羞于谈论，但为了孩子的健康我们不得不对孩子直面教育这个问题，我们花点时间谈论下吧？"

"孩子已经慢慢长大，性教育问题我们要加以重视了，我们来讨论下如何跟孩子谈论诸如'她是从哪来'的问题"。

"孩子今天偶然看到了电视里男女亲密的镜头，然后问我她们在做什么，当时我很尴尬，一下子不知该怎么回答，我们可否直接讨论下诸如此类的问题，以后如何引导？"

……

第二步，夫妻可以进行角色扮演来模拟谈话。

角色模拟不但可以削弱夫妻对谈性的敏感，并且可以进一步完善性教育的内容。这里建议夫妻一起先通过相关书籍、课程、专家等学习一些相关知识和话术，然后再进行练习。

比如，由老公扮演儿子，妻子扮演妈妈，就某项内容进行直接引导对话。"儿子"可以俏皮地各种"幼稚"发问。

注意，夫妻间在进行这类练习的时候，一定要抬起头来，注视着彼此的眼睛，直面性话题和关键字眼，不要含糊其辞，切勿用"这个""那个"之类的来代替。

第三步，直接面对孩子回应或引导教育相关话题。

低下身子，像交流其他话题一样，与孩子轻松又不失严肃地谈论有关话题，将模拟演练的话语完整、清晰地传递给孩子。

记住，同一话题至少在适当的时候重复三遍左右，并请孩子对所谈内容给予回应。

第八题

家家都是"训练营"?

——儿童基本能力的家庭日常化培养

观察力、记忆力、思维力、创造力和注意力是智力的五大方面,是人类"聪明"的基础。

比起参加各种各样的"训练营",家长把这些方面融入对孩子的家庭日常化训练中才更有意义。

- 孩子观察力和注意力的家庭日常培养
- 孩子记忆力的家庭日常培养
- 孩子思维力的家庭日常培养
- 孩子创造力的家庭日常培养

1. 孩子观察力和注意力的家庭日常培养

观察力和注意力是人类认知活动的基础,在人类实践活动的各个领域中,具有极其重要的意义。好的注意力更有利于观察,好的观察本身也是注意力的集中,观察力与注意力互为因果,相辅相成。

从小进行观察力的练习可以帮助孩子提高注意力、记忆力等各种学习能力,反之不仅容易经常"视而不见",而且对整个积累知识、发展智力、成长成才的过程都深具影响。

然而,一谈起儿童各种能力的培养,多数家长首先想到的是把孩子送到社会各类型的"训练营"中去。事实上,家长如果掌握些许相关知识和技能,能够在日常的家庭生活中对儿童有关能力稍加训练,那家家都赛过专业的训练营,这才是真正把孩子变"聪明"渗透于无形。

关于孩子的观察力和注意力,家长可以从如下五个层面加以训练:

静视:一目了然

家长同孩子日常玩耍的时候,可以在我们的房间里或屋外找某一样东西,比如表、笔、台灯、一张椅子或一棵花草,让孩子站在距离它约60厘米远的地方,平视前方,自然眨眼,集中注意力注视这一件物体。

让孩子在心里默数60-90下,即1-1.5分钟,在默数的同时,要专心致志地做仔细观察。然后闭上眼睛,努力在脑海中勾勒出该物体的形象,尽可能详细地向我们描述;如果有现场条件,最好用文字将物体特征描述出来。然后可以睁开眼睛,仔细看着对照一遍,错的地方,加以补正。

当然,这些只是静视训练的基本思路和方法。一旦孩子能做的比较好,

第八题　家家都是"训练营"？——儿童基本能力的家庭日常化培养

逐渐转到更复杂的物体上：观察周围事物的特征，然后闭眼回想。重复几次，直到每个细节都看到。

比如可以观察地平线、衣服的颜色、植物的形状、人们的姿势和动作、天空阴云的形状和颜色等。总之，观察的要点是，引导孩子不断改变目光的焦点，尽可能多地记住完整物体不同部分的特征，记得越多越好。

在每次练习后，请孩子闭上眼睛，用心灵的眼睛全面地内在"观察"，然后睁开眼睛，对照实物，校正他心灵的印象，然后再闭再睁，直到完全相同为止。还可以和孩子一起，在某一环境中关注一种形状或颜色，试着在周围其他地方找到它。

如果以上训练孩子都能较好地完成，那静视训练还可以更进一步提高难度——去观察名画。

要求孩子必须把自己的描述与原物加以对照，力求做到描写精微、细致。孩子在对名画临摹、创作时，家长应引导他们通过形象思维激发自己的感情，由感受产生兴致，由兴致上升到心情。

这样，不仅可以帮助孩子改善观察力、注意力，而且还可以提高记忆力和创造力。因为在孩子制作新的心中形象的过程中，他们吸收使用了大量清晰的视觉信息，并且把它储藏在自己的大脑中。

行视：边走边看

在合适的时候，我们可以带领着孩子以中等速度穿过房间、教室、办公室，或者绕着房间走一圈，提醒他们迅速留意尽可能多的物体。然后，像做游戏一样，要求孩子回想，把前边所看到的尽可能详细地说出来，最好写出来，然后对照补充。

这是在训练孩子在日常生活中，眼睛像闪电一样看。可以在眨眼的瞬间，即 0.1-0.4 秒之间，去看眼前的物品，然后回想其种类和位置。

比如，看到马路上疾驶的汽车牌号，请孩子回想其字母、号码；看到一张陌生的面孔，请孩子回想其特征；看路边的树、楼，请孩子回想其棵数、层数；看广告牌，请孩子回想其画面和文字……

久而为之，所谓"心明眼亮"，孩子不仅可以有效锻炼视觉的灵敏度，锻炼视觉和大脑在瞬间强烈的注意力，而且容易从内到外变得更加聪慧。

抛视：天女散花

抛视的训练虽增加了些许难度，但对于现在玩具多多的孩子们来说，倒也非常便捷。

比如，找 25 到 30 个左右大小适中的彩色圆球，或者是积木、跳棋子等都行，其中红色、黄色、白色或其他颜色的各占三分之一。家长将它们完全混合在一起，放在盆里或箱子里。我们家长用双手迅速抓起两把，然后放手，让它们同时从手中滚落到沙发上，或床上、桌面上、沙具上、地上等。

引导孩子仔细观察全过程，当这些东西全部落下后，让孩子迅速看一眼这些落下的物体，然后转过身去，将每种颜色物体的数目凭记忆而不是猜测写下来，而后大人和孩子一起检查所说出的颜色及数量是否正确。

这样的练习可以重复 10 天，在第 10 天看看孩子的进步情况。

速视：疏而不漏

家长找约 50 张 7 厘米见方的纸片，在每一张纸片上面都写上一个汉字或字母，制作成字卡，字迹要清晰、工整，将有字的一面朝下。当然也可以直接用扑克牌。

第八题 家家都是"训练营"？——儿童基本能力的家庭日常化培养

我们陪孩子从中取出10张后，请孩子闭上眼睛，家长把10张卡翻过来字面朝上，尽量分散地放在桌面上。这时请孩子睁眼，用极短的时间仔细看它们一眼。

然后孩子转过身去，凭着他的记忆把所看到的字写下来，大人与孩子一起检查正确性。紧接着，可以用另10张纸片重复这一练习。

可以让孩子每天这样练习3次，重复10天。在第10天的时候，注意一下孩子取得了多大进步。

统视：尽收眼底

请孩子睁大眼睛，但不要过分以至于觉得不适。引导他们注意力完全集中，注视正前方，观察现有视野中的所有物体，但眼珠不可以有一点的转动。

坚持10秒钟后，让他们回想所看到的东西，凭借着记忆，将所能想起来的物体的名字写下来。记住，提醒他们不要凭借自己已有的信息和猜测来做记录。

这样的训练，也可以重复10天，但每天变换观察的位置和视野。在第10天时看看他们的进步。

2. 孩子记忆力的家庭日常培养

人的一切活动，从认识、行动，到复杂的学习、劳动，都离不开记忆。在智力发展最重要的儿童时期，记忆具有更重大的意义，对学习文化科学知识有直接作用。

儿童发展心理学研究表明，儿童在记忆上显示出如下的特点：

记得少忘得快

儿童记忆的范围和记忆保持的时间，是随着年龄增长而扩大和延长的。比如小朋友一堂课上能学会一首儿歌或一个故事，但不复习很快就忘了。

记忆缺乏目的性

儿童的记忆以无意识记忆为主，很少具有明确的目的，他们只对形象鲜明的对象，引起兴趣的事物或引起强烈情绪体验的事物记忆清晰。

记忆方法呆板

儿童受知识和经验的限制，不会进行理解性记忆，较多地对事物表面进行机械识记。例如成人和儿童同时遇到一个初次见面的人，成人记住的是这个人的相貌特征，而儿童可能记住的是这个人的衣着颜色等。

记忆不精确

儿童大多表现为记忆不完整、相互混淆、歪曲事实和易受暗示等方面。例如儿童听了一个故事，他只记住感兴趣的某个细节，而整个故事的情节却记不住，或者把其他故事的情节也混在一起。

第八题　家家都是"训练营"？——儿童基本能力的家庭日常化培养

因此，为了让孩子拥有好的记忆力，可以考虑弥补以上不足，围绕孩子心理发展特点，对孩子设置增强记忆力的训练。

训练睡前回忆一天的细节

不同时间学的东西，记忆的效果不一样。研究表明，人在入睡前学的东西记得好。因为学后就入睡，不再有别的东西来干扰，使大脑有一个很好的自行巩固记忆的过程。

因此，增强孩子记忆力的锻炼可以考虑放在入睡之前进行。在孩子上床准备睡觉，或背靠着枕头坐着，或躺着的时候，从小训练孩子深度呼吸式放松自己，用10分钟左右保持孩子头脑清醒，然后开始回忆：

让他从今天做的最后一件事开始，回忆其最具体的细节。这可能包括他自己现在正舒舒服服地躺在床上，在做放松的呼吸调整。

然后再往前想，回忆这之前做的事，比如爬上床；然后再之前的事，也许是洗澡、刷牙，引导孩子回忆那个时候的感觉和想法。

继续往前回忆，让他想象自己的一整天就像一部电影，现在正在倒着放映。就像倒退着走路或说倒话，尽量详细地倒着回顾自己一天中的每一时刻。

诸如：

> 我正躺在床上开始回忆我的一天。
> 我从洗澡间走到床边。
> 妈妈帮我放好水后，我脱了衣服进入洗澡间。
> 脱衣服之前，爸爸妈妈给我说了这样的话。
> 我在客厅里玩了一会爸爸的手机。
> 我妈妈帮我检查了作业，并签了字。

我在做今天的家庭作业。

我们一家三口坐在客厅吃饭。

……

陪着孩子，引导他一步步地倒着回顾一天的细节。我们可能会发现，在时间上离现在越近的时刻，孩子细节的东西记得越多。

训练跨时的形象记忆

家长可以尝试找一份市内街道图，选取一个小区，画一个圈，圈上十多条街道，然后请孩子看图观察3分钟，把地图收起来不再看。使用定时器，定时1分钟。

记住，让孩子努力将所看到的一切存到记忆当中，所以要看仔细了。1分钟之后请孩子回忆刚刚看到的一切，根据记忆尝试重画此图，包括街道名及所在位置。已经忘掉了多少？

然后，不断练习，直到能在不超过60秒的时间里精确地画出此图。

再定时5分钟。5分钟之后，再请孩子回忆刚刚看到的一切。已经忘掉了多少？

再定时15分钟之后，回忆对所划区域的记忆。又忘掉了多少？

如果训练效果好，可以继续升级：

将市内街道图扩大圈定范围到二十多条街道，再用3分钟观察此图后，合上图不看，定时1分钟。不断练习直到能在不超过90秒的时间里精确地画出此图……

有意明确记忆的目的

我们让孩子去重复某个故事、识记某个数字，可能未必顺利。但是如果家长跟孩子说"来,数数楼梯有多少台阶,星期天好去告诉姥姥",孩子准会记牢。再比如,你给孩子讲故事,先跟他说:"妈妈讲个故事给你,回头你再讲给爸爸听。"这就能促使孩子记好你讲的故事。

为什么?就是因为明确了目的性。记忆目的明确,可以提高大脑皮层有关区域的兴奋性,形成优势兴奋中心,因而记得牢。

巧用联想激活记忆内容

要记的内容有意义,家长可以让孩子在理解后再去记。如果是一些没有意义联系的材料,我们可以引导孩子给要记的材料附加上"意义"。具体方法有:

假想法

比如,要让孩子记住富士山海拔 12 365 英尺(3 775.63 米),就可以把富士山假想为"两岁"的山,即前两位数想成 12 个月(为一岁),后三位数想成 365 天(为一岁),这样假想很容易记住。

谐音法

比如,马克思于 1818 年 5 月 5 日诞生。要记住这个日期,可以谐音为:"马克思——'要发要发'(1818)打得资本家'呜(5)呜(5)'直哭。"

形象法

看图识字要算最典型的形象法了。比如,让孩子记阿拉伯数字的字形,可以形象地想成:1 像铅笔细长条,2 像小鸭水上漂,3 像耳朵听声音,4 像小旗随风飘,5 像鱼钩来钓鱼……

歌诀法

比如,"一三五七八十腊,三十一天整不差"的歌诀,可以帮助孩子很快记住哪个月份是31天。

推导法

比如,孩子是4月份的生日,妈妈是5月份的生日,爸爸是6月份的生日。孩子只要记住一个人生日的所在月份,加以推导就全记住了。

……

3. 孩子思维力的家庭日常培养

思维，就是通常说的"思考""想""动脑筋"。有一位教育家这样说："教育就是教人去思维。"思维能力支配着智力的其他诸因素，直接反映了孩子智商的高低。

科学家曾经做过一个实验，在墙的高处挂一顶帽子，然后找了几个4岁以内的孩子，给他们3根短杆子，问怎么才能把帽子取下来？有些孩子束手无策，但有些孩子就想到将3根杆子连接成一根长杆。

经过科学家进一步观察，发现能想到拼接长杆方法的孩子普遍智商比较高。因此，思维能力直接反映了孩子智商的高低。对孩子进行理解、判断、概括、推理等方面的训练，也就是帮助提高了孩子的聪明才智。

儿童的思维力存在一个短暂的"机会窗口"，这个窗口期对应儿童大脑迅速发育的2—8岁。到了8岁以后，增长的曲线明显放缓。

理解能力训练

理解，指对任何一件事物了解的能力。人类掌握知识的过程，必须在理解的前提下进行，而理解能力是在儿童时期逐渐培养和发展起来的。

在日常生活中，我们可以利用各种时机有意识地对孩子提一些"为什么"，让她进一步思考、动脑筋，而后养成她自己发问的习惯，这可以逐步加深孩子对事物的理解。

作为家长不妨多给孩子多买一些动画书、卡片等，和孩子一起找动脑筋的故事，如寓言故事、科普性读物等，最重要的是家长应常常和孩子一起讨论。在这样的过程中，家长要学会装作看不懂、听不明白，给孩子机会来"嘲笑"我们和"教"我们。

比如陪孩子读完《狼来了》的故事，装作最后看不出寓言的意义和隐喻，问孩子："宝贝，爸爸不明白，为什么最后孩子大喊'狼来了'，这些人听到了却不出来救这些羊呢？太可惜了！"借机向孩子"请教"，并在这个过程中不断提出问题。

多提问，是锻炼孩子理解力最好的方法。在向孩子不断提问中，我会发现他们不断地开动脑筋，思考答案，进而也会自己提问，从而不断加深对外面事物的认识。

判断能力训练

判断力是思维能力至关重要的一环，需要孩子找出事物的属性，以突出事物的鲜明特征，在不同的事物间能找出相同和差异点。

例如，让孩子同时观察牛和马，说出它们的异同点，这可以帮助孩子正确地树立牛和马的概念。

平时不管孩子在看动画片、漫画书，还是在做游戏、玩泥塑……家长都充满着机会去训练孩子的判断力。

比如，家长看到孩子在看《喜羊羊与灰太狼》，里边有美羊羊、懒羊羊……这时问孩子："为什么这几只是羊，那一个是狼呢？"孩子就会告诉我

第八题　家家都是"训练营"？——儿童基本能力的家庭日常化培养

们它们特征上的区别，比如狼有犬牙、狼吃肉等，他们根据这些特征，把狼排除在羊之外，而归于另一类。

同理，家长可以帮助孩子去认识狗、兔子、老虎等动物，以及苹果、橘子、香蕉、萝卜、白菜等水果和蔬菜。当然，为了检查孩子是否清楚这些不同概念之间的界限，我们还可以要求孩子分别地把它们归入"动物""水果""蔬菜"类里。

总之，在日常生活中，我们要尽量创造条件让孩子多亲自感受物体，看一看，听一听，摸一摸，尝一尝，闻一闻，通过多方面的感知，从而比较全面地了解事物本质。

例如，让孩子动手将水冻成冰块，并通过看、摸、拿、尝，放在水里，摔在地上等方式，感知到冰具有冷、滑、硬、透明、脆、能够浮在水面、遇热化成水等特征。

这种训练方法可使孩子初步掌握判断事物的属种关系的能力，粗略地知道它们之间的区别与联系。

概括能力训练

概括力需要孩子通过事物的属性，找出它们共通的性质概念，这就需要培养孩子的归纳意识。

> 例如平日里，家长在看到飞行的鸟时，可以告诉孩子鸟类属于飞行动物；在看到各种鱼时，可以告诉孩子这是鱼类动物，统称鱼；在看到粉红、桃红、大红等颜色时，可以告诉孩子这些颜色统称红色。

归纳是由一系列具体事实概括出一般原理的推理方法。例如，鸡会走，马会跑,兔会跳,鱼会游,鸟会飞,蚯蚓会钻……所以,凡是动物都会动。

如果有机会,家长要故意在此类问题上与孩子进行对答比赛,比如来比一比,看谁说得又多又快:什么动物地上走?什么动物天上飞?什么动物水里游?什么动物地上爬……

说一说,它们叫什么,身上都长着什么。出示诸如鸡、鸭、鹅、马、牛、羊、猪、狗、猫、老虎、狮子、大象、狼等的图片,让孩子在快乐的对答中学习归纳归类,掌握家禽、野兽等概念。

这些常见的生活归纳可以让孩子理解其基本含义,也可以让孩子知道什么叫概括力。

推理能力训练

家长可以让孩子用"是""不是""因为……所以"等句式时常自我提问,自我分析。比如:

"因为所有的植物都不能走动;树是植物;所以树不能走动。"
"因为所有的鸟儿都会飞;蜻蜓会飞;所以蜻蜓是鸟儿。"

然后,让孩子来判断这个说法对不对。

我们也可以根据孩子的兴趣选择一些书籍,如男生一般喜欢的侦探小说、科幻小说等,让其在故事情节的推动下,去思索、推理。从兴趣出发培养推理能力。比如:

三个小朋友小红、小绿和小蓝穿着红色、绿色和蓝色的时装同行。
小蓝说:"真奇怪,我们的名字是红、绿、蓝,衣服也是红、绿、

第八题 家家都是"训练营"？——儿童基本能力的家庭日常化培养

蓝,但是没有一个人的衣服和名字相符!"

"真是个巧合!"穿绿衣服的人说。

请问:谁穿的红色衣服?

答案是:小蓝。因为小蓝没穿蓝衣服,穿绿衣服的人回答了小蓝的问题。

4. 孩子创造力的家庭日常培养

创造力是一种比较高级的思维能力。随着人工智能时代的来临，未来的竞争势必很激烈，创造力一定是人类最强的一道防线。

培养儿童的创造力必须围绕创造力的心理特征，从多种角度训练孩子思维的流畅性、变通性、独创性、拓展性等品质。

> 流畅性：能提出数量尽可能多的想法的能力。
> 变通性：能多角度看问题、尽可能地提出不同类型想法的能力。
> 独创性度：能提出独特的、和别人不一样想法的能力。
> 拓展性：能对一个想法进行丰满处理，做细节补充、扩展的能力。

比如，问一个小朋友：从一个圆圈圈能想到什么？孩子回答：能想到气球、碗、脸、轮子、太阳……

说出越多不同类的物品，越反映孩子思维的流畅性品质好；但这些想法还算是比较普通的，若能想到像小熊，可能就比较特别了。孩子拿出画笔，在一个圆圈上加了两个耳朵和简笔的腿，再加了些眼睛、嘴巴等细节，就是一只卷缩卧着的可爱小熊了。这就是思维的拓展性。

这是很重要的一步，既检验想法是否能"落地"，又反映了孩子思维是否具有局限，不懂得变通。有些孩子有想法，但表达不出来，或者画不出来，或者讲不清楚，没法把自己的想法呈现出来，这也是需要提高的。好想法，只有懂得灵活变通，在一步一步地拓展补充中，才有可能成为一个真正有效的方案。

作为家长，我们完全可以在日常生活中借用类似的方法来培养孩子的创造性思维。

第八题　家家都是"训练营"？——儿童基本能力的家庭日常化培养

思维流畅性训练

家长可以在任何闲下来的时候，让孩子思考一些问题，让他们随意发挥，以使孩子脑洞大开。比如可以事先准备一些类似问题：

"请列出你一分钟以内能完成的事情？"
"你能想到哪些和'可爱的'意思类似的词语？"
"请列出和冬天相关的事物？"
"列出你能想到的热的东西？"（或者是冷的、酸的、硬的、软的、白的、黑的、尖的、可以吃的……）
"下午放学回家做完作业，练完琴后就没时间了，想想有哪些能挤出时间玩儿的方法？"
……

家长们还可以事先选择一些比较抽象的图片，让孩子天马行空，想象它可能有的含义……也可以让孩子根据一些卡片或少量的线索来玩编故事的游戏，孩子每次讲的时候可以有不同的想象，激发出数量更多的点子。

总之，家长要注意鼓励孩子多出主意，可以根据问题的难度和孩子的现况，有个数量上的约定，比如比较简单的把目标定为10个，困难些的可以为5个或3个等。

思维变通性训练

训练孩子思维变通性最常用的练习是去想一样东西的其他用途，防止功能固着，也就是变通思维。不只看到事物原有的通常功能，而且能看到其他可能有的功能。比如,火柴盒的作用不只有装火柴,还可以作为纸张来写字,压扁之后做书签等。

同理,家长可以向孩子提出问题,诸如:

"纸巾除了能擦鼻子擦脸还能用来做什么?"
"锤子除了能砸钉子还有什么作用?"
"雨伞除了用来挡雨还有什么别的用途?"
"梳子除了用来梳头还能做什么用?"
"笔除了用来写字还有什么其他用途?"
……

各种各样的物品都可以拿来做这样的练习,一张桌子,一个盘子,一双筷子……或者反过来:

"假如你手头上没有笔(铅笔、钢笔、圆珠笔、蜡笔…)你有什么办法可以写字?"
"假如橡皮擦没有被发明出来,我们可以用什么东西来替代?"

或者给常见的物品"添砖加瓦",让它变成另外一样东西。比如一个火柴盒作为其中一部分,怎样在一张白纸上添加几笔变出一个书包来。

这里需要注意的是,变通性训练侧重于想出不同种类的用途,比如"雨伞除了挡雨还能干什么?"孩子可能会说可以挡阳光,挡风沙,挡冰雹,但这些都是在同一种类型和用途上的延展。我们应鼓励孩子思考更多不同类型,比如雨伞还能当拐杖,当攻击武器,当挂钩,当装饰品,当降落伞……

第八题　家家都是"训练营"？——儿童基本能力的家庭日常化培养

思维独创性训练

独创性练习是和前面两项结合在一起的，比如每次做练习时，家长和孩子可以先分头想自己的点子，然后做一个横向的比较评选，最后看看谁的想法和答案最特别，最出乎意料。

和别人的答案相似度最小的想法可以给予特别的奖励，以作及时的强化。

思维的独创性在于积累丰富的知识，拥有广阔的视野。也可以借此鼓励孩子广猎知识、广泛阅读。真正的创造力，是丰富知识基础上的灵活思维，有价值的创意更需要肚子里有货。

思维拓展性训练

思维的拓展性练习主要是训练孩子在已有框架下做细节的添加和改进。所以，我们家长可以把大方向的点子抛给孩子，让他在这个基础上扩展，比如：

> "设计一款可以帮你整理房间的机器，讲一讲这台机器可以用什么做？是怎么工作的？把它画下来，并且给你的发明取一个名字。"
>
> "选择为我们家庭的某一位成员设计一款T恤。和大家分享为什么你会选这位家庭成员？设计的理念是什么？请把你的设计画下来并给它取一个名字。"
>
> ……

思维拓展性强调的是细节性，家长听孩子描述，或观看他的创作时，我们要注意多问些为什么，为什么这样设计，怎么想到这样做的……这样的问题会引导孩子思考更多、更深入的细节。

　　这些方法并不困难,家长平时在家就可以跟孩子一起玩起来,见缝插针地开拓他的思路。

训练与测验 儿童基本能力日常化训练的意识提升

当家长有了自觉的意识,并初步掌握了日常化训练的方法之后,会发现提升儿童基本能力并不是一件困难的事,但也并非到此就万事大吉,因为最困难的是在生活中想起做这件事。

因此,我们非常需要提升对这种训练的意识。这里,可以分成三个阶段:

第一阶段:集中训练和整体提升(至少8次,持续2个月)

以游戏形式为主,比如做出如下表格的计划:

时 间	活 动 主 题	训练目的	备 注
每周一 18:00—18:20	比如:1. 观察玩具的颜色 2. ……	观察力	
每周二 18:00—18:20	比如:1. 注意有多少种声音 2. ……	注意力	
每周三 20:20—20:35	比如:1. 做睡前全天回忆 2. ……	记忆力	
每周四 18:00—18:20	比如:1. 做分类游戏 2. ……	思维力	
每周五 18:00—18:20	比如:1. 请列出与爸爸相关的事物 2. ……	创造力	

第二阶段:强化训练和专项提升(长期持续的训练)

家长针对孩子比较薄弱的某项能力,特别希望提升的某项能力,做专项提升训练。

特别需要注意的是，这里也需要适当兼顾孩子对其他能力的培养。

第三阶段：随机考察和灵活运用（随时）

经历第一或前两阶段之后，可以于日常在家或出行的任何时候，用比较开心和"随意"的方式，同孩子一起做"比赛"游戏，随机考察各种能力，进行举一反三和运用各种能力的训练。

家长最好提前设置好闹钟，以在和孩子相处的时间里提醒做考察、训练等事项，主题根据当下与孩子互动的内容随机应变。

"爱商"是亲和爱的幸福DNA

说起爱商大家或许还有点陌生,但现实中每一个人却无时无刻不在感受它、使用它,并反过来影响它。我们会发现,人生中不管贫穷还是富有,不管成功还是失败,每个人感受幸福的时刻,都与爱紧密相连。或者是被爱时,或者是感觉温暖时,或者是对爱倾情付出时……

但凡生活于世,我们都离不开"亲"和"爱":亲人、亲情、亲密,爱人、爱情、爱己。每一个灵魂的背后,都需要一份爱、一份理解和一份陪伴来滋养,爱是幸福之根,力量之源!爱无能者,幸福没有根基,也自然无缘幸福!

爱商,即爱的能力商数(Love Quotient,缩写为LQ),是一个人了解爱本质的程度,以及恰当地接受爱、给予爱的能力指标。

爱商,是"亲"和"爱"的幸福DNA。

关于"亲",是亲情、亲人、亲密等情感关系的处理能力;

关于"爱",是爱情、爱人、爱己等情感关系的处理能力。

每一份真挚的情感都出自第一声"亲爱的"!所以爱商,又被昵称为"亲爱的商"!

在心理学意义上,一个内心匮乏却没有开悟,且又没有经过爱的疗愈和成长的人,会把爱变成与依赖、强求、占有、控制有关的东西,某种程度上可以说是心灵的残疾,也较少可能会拥有幸福感。

生活中,这样的人会想尽一切办法去求得别人的爱,让别人瞧得起、看得上；事实上，自己却最知道心底的隐痛，最不能瞧得起自己！所以，提升爱商的过程就是探索自我和完善自我的过程。

在这个过程中，爱成为一条通道，我们会通过对爱的感受、认知、行为等方面的调整和改变，来寻找个体内在的自己。在爱的冲动和体验中，经由自我觉察，意识到自己匮乏的部分，再经由心灵陪伴，完成对自我的独立：暂离对方，不会过分焦虑；失去对方，不会过分失落。

很肯定地说，爱商低的人最终需要提升的是与自己的关系。

在新时代的今天，我们每一个人都必须明白，爱商不只局限在婚恋家庭上，爱商的高低也不仅关联在儿女情长、尊老爱幼之类的家事上。爱商，影响人类的情绪，决定大家的关系模式，影响我们的婚姻家庭，影响每一位伙伴的健康、事业甚至命运……

提升爱商，我们更能快速绽放自我，追求生活真品质；提升爱商，我们更能做高分伴侣，懂爱懂心更懂Ta；提升爱商，我们更能提升亲子质量，维护亲密家庭更和谐；提升爱商，我们更能夯实健康根基，疏通情绪补足爱；提升爱商，我们更能释放事业潜能，还原更强大的自己！

爱商与智商、情商、财商，组成当代人追求品质的四大能力。如果说智商决定能力，情商决定人际，财商影响财富，那爱商便是人类生命品质的名片。

爱商注定是属于我们这个时代最"亲爱的商"。

"爱商"开给家长朋友们的"亲子心方"

1. 问：谁家都有孩子，养儿育女顺理成章，理所当然。我们长这么大，父母也没学过什么亲子教育知识，我们不也过得挺好吗？有必要吗？

答：过去我们大家确实对家庭教育方面学习得比较少，一方面是因为想学习也未必有条件看到相关系统、科学的知识，不像现在市面上国内、国外相关的书籍很多，打开手机、网络，有关的内容也是铺天盖地。另一方面，过去人们的物质水平整体相对较低，对于孩子精神需求的重视度不够，家长的文化水平整体不高，关注孩子心灵世界的意识也不够，所以家长多在满足孩子物质条件上努力着。

所以，在长期的潜移默化下，大家理所当然地都在用"自己最熟悉的经验"教育着孩子，甚至从来没有觉察、辨别或思考过这些教育观念、方法的合适与否，坚定地认为就是应该那个样子去做。

且不说，不同的时期社会在变、孩子在变，就说这些所谓的经验，还不都是自己从小到大在父母（或其他家长）的言行举止下潜在学习而来的，未必是因为它们特别正确，而是因为它们是自己特别熟悉的。可回过头来我们思考：

"父母对我们的教育方式，我们自己满意吗？""父母对我们的教育令我们感到快乐或成功吗？"如果不，那我们岂不是在"坚定地"做重复。父母们的方式方法又来自哪里？他们的父母做法就一定对吗？……

2. 问：如果家长的教育理念有分歧，并且谁都不愿妥协，怎样处理会更好？

答：这是一个家庭教育一致性问题。大人们可以摆出一百条为孩子好的理由行动，孩子只需要照做即可，鲜有家长去询问那一刻孩子内心的感受好坏。不听母亲的，母亲会不会生气；不按外婆的做，外婆会不会失望……家长爱孩子，却很少把孩子当作一个独立的人去尊重。

千万别忘记，不管家长们有多少冲突，"都是为孩子"这条宗旨永远不会变，这也是两个人永远可以达成的共同目的。谁不希望既能减少家庭的冲突，又能更好地成就孩子？

问题事关孩子，家长意见不一致，倒正好给了孩子不同的参考。把家长的看法、态度和意见都摆出来，让孩子自己考虑决定如何选择，同时相信孩子的判断力。当孩子在为自己、为自己想法而做的时候，通常都是很开心的。从小让孩子决定跟自己有关的事情，还用担心孩子长大没主见？

3. 问：现在孩子都娇生惯养的，一点抗受挫的能力都没有，过去说"棍棒下出孝子"还是有一定道理的，孩子该打的时候还是要打的！

答：家长用暴力管教孩子的不"听话"、不顺从等行为，虽然在行为上能达到"管"的效果，但在心灵层面上危害多多，遭到心理学家一致声讨。

心理研究发现暴力性管教会增加孩子的恐惧心、反抗心和不信任感，孩子不但不会改正，还会在父母不在的时候做出更严重的事情；甚至体罚的影响还会波及以后，孩子很可能对他人采取攻击性行为，会染上斗殴的坏习惯，进一步影响情感问题、影响学业、破坏亲子关系等。

受过暴力的孩子成年后容易出现焦虑、抑郁等精神障碍，自尊心较差，比较容易出现分裂型、反社会型、自恋型和边缘性人格障碍等严重心理障碍。

4. 问：白天上班本来就很累，晚上还不得不陪孩子写作业到深夜，你不陪他就不好好写，陪着他还磨磨蹭蹭，真是愁死人了，怎么办？

答：这是关于孩子学习好习惯培养和自主性训练的问题。孩子读书，家长盯着全程"监控"，孩子厌烦的同时变成了完全地依赖。幸运一点的家庭，孩子的学习成绩可能领先，但是独立性每况愈下。到了高年级后，有些家长辅导就力不从心了，再次变成家长着急，孩子失落。

幼儿园的孩子自然不用说，我肯定鼓励以玩耍为主，在游戏中获得互动和成长的机会。到了幼儿园大班或小学低年级的孩子自己没有太多主见，自控力也相对较差，家长陪同学习还是挺关键的，大人注意合理地帮他们安排：

先对话孩子都有哪些作业要做？做这些作业有没有困难？如果没有困难，那么写每项作业大概需要多长时间？然后桌上摆一个小闹钟，让孩子看着时间做作业；如果孩子注意力不够集中，家长可以在旁边监督调整；如果孩子的注意力比较集中，家长就尽量不陪伴，偶尔过来探查一下；如果孩子自己做作业有困难，那就要根据具体的困难逐层引导解决。

随着孩子年龄的增大，家长对孩子学习的陪同力度应该逐渐减弱，慢慢抽身出来。只有这样，孩子独立学习的能力才能增强，从而把学习真正当作是自己的事情。

5. 问：现在小孩很小就已经会玩手机，完全不给他玩也不现实，给他玩了又担心会成瘾，应该怎么办？

答：首先，孩子玩手机到底是受父母的影响耳濡目染，还是因为手机是父母安慰孩子的工具，或者手机已成为孩子完成多项作业和学习的工具。不管哪种情况，关于玩不玩手机这事都不该走得太极端了。

小孩子正是学习的年龄，他们对一切事物都感觉是新奇的，而手机带来的是多彩的图片，种类繁多的游戏，以及各种视频。而这些东西可以满足他们的求知欲。在信息化的时代里，电子产品已然成为生活的一部分。但，手机却同时对孩子危害多多：眼睛的辐射、社交能力的影响、坏习惯的形成、注意力的下降……

为此，对于孩子玩手机要采取"自主+规则"的方式，形成安全的好行为，就是既要给孩子定规矩、严要求，又要给孩子自主权和自由。比如限定时间、限定场景的情况下可以玩手机，每次看手机的时间不准超过多长时间，吃饭、出去玩的时候不准玩手机等。

还要为手机提供一定的替代品，就是我们在生活中有没有给他提供其他更好的刺激？如果生活中有其他更好玩的事情，就算给他玩手机，他也不会沉溺其中。比如，手机里的游戏吸引孩子的是社交功能，那大人如果懂得邀孩子的朋友来家里玩，给孩子各种互动的机会，甚至偶尔一起游戏，那真实人物场景的互动就容易取代虚拟。

6. 问：现在的孩子都是要少点批评、多些夸奖，所以家里人都天天各种夸孩子，夸就真的好吗？夸多了孩子会不会容易骄傲？

答：夸孩子不是一件简单的事情，是一门心理技术活。不夸不行，夸奖得当，能帮助孩子成长；但夸也不是一味乱夸，夸奖不当会适得其反，孩子不但容易骄傲，也容易缺乏快乐与自信的内在源泉。比如你一边夸赞，一边不忘旧错重提；一边夸赞，一边与别人作比较；一边夸赞，一边更高要求等。

而且，夸赞孩子并不是在所有事情上、所有的时候，都要夸，时机也很重要，时间恰当了，哪怕一个眼神，一个微笑，一双拍拍肩膀的手都能给孩子带去支持和力量，让他们感受到被认可。同时，夸赞的方式方法不同，所起到的效果和作用也大不一样。

当然，对孩子的教育，提倡夸赞和欣赏，并不表示对孩子的错误行为就不需要批评，只是批评要适当。

7. 问：现在小孩的课外辅导班、兴趣班五花八门，家里成员对于孩子上兴趣班也是意见不一，为此产生了很多的冲突。作为家长，在这个问题上我们到底该如何取舍？

答：花上不菲的费用，耗尽全部的精力，家长要为孩子培养各种兴趣特长，希望孩子在未来激烈的竞争中打好基础，这本身无可厚非。可很少有人知道兴趣选择有哪些科学依据，家长们大多是参照周围家长的选择热点，看哪种兴趣选报得热门，就给自己孩子也报了，甚至同时报多种兴趣班，很少根据孩子的个性特点选择学习兴趣。

这个过程中，家长们忽视了孩子的心声和心理特点：父母过度关注给孩子选报兴趣班，按照自己的思考，强制孩子去上，缺乏对孩子学习兴趣的真正了解，不知道孩子对某种兴趣班是否真正感兴趣，带来很多隐性的问题，不仅无助于孩子保持健康的学习兴趣，相反还会让孩子在兴趣学习的过程中养成很多坏毛病，或者坏习惯。

上课外兴趣班，我们不会完全排斥，毕竟不可能脱离这个社会大环境而孤立存在。但请家长们搞清楚，是在给孩子选兴趣班。兴趣班，这是孩子的兴趣，一是孩子要感兴趣，二是说这兴趣不是家长的。请根据自家孩子的独特特点和需求有针对性地选择，并与孩子沟通，遵循孩子的意愿，听听孩子的心声；另外，在选择的数量上要讲究适度，而不是以爱之名逼迫孩子全盘接受，甚至过度开发，孩子的成长空间中需要留出时间的空白。

8. 问：我们夫妻正在进行房事，突然孩子跑进来看到了，虽然小孩没再问什么，可是很担心会对他造成什么影响，作为家长我们应该怎么处理？

答：这是对孩子如何进行性教育的问题。大人进行亲密的夫妻活动实属正常，但夫妻生活属于隐私，不仅是要回避外人，也要回避孩子；不要认为孩子小、不懂事，就没有回避小孩。

很多人都表达说："小时候目睹过父亲母亲的性爱过程，心里又好奇又害怕，自己继续装睡，父亲母亲应该没有发现。"一般孩子会认为那是父亲在欺负母亲，结果会或明或暗地表现出对父亲的排斥和敌视；也有一些孩子目睹了父母房事后会很好奇，进而千方百计再找机会偷看，或者他们去寻找机会加以模仿，在伙伴中玩起"性游戏"。

所以我们在从事性爱活动时，首选隔开孩子，比如把门窗关好，最好隔音。假若"被撞现形"，首先别太神经紧张，父母越是避而不谈或严厉斥责，越会增加性爱的神秘感，激起孩子的好奇心。

正确的做法应该是，通过引导和交谈，帮助孩子理解他所看到的东西，引导他表达感受和情绪，向他解释。应该让孩子知道性是一件美好的事情而不是羞耻的事情，不要让孩子对性产生负面的理解。

篇幅有限，先简单选出以上几个常见话题给予回应，更多怎样做好及格甚至优秀家长的问题，请仔细翻阅本书，定能找到我们期待的答案。

图书在版编目(CIP)数据

家长成长的心理及格线 / 张华著. —上海：学林
出版社, 2019.5
(爱商系列丛书)
ISBN 978-7-5486-1512-5

Ⅰ.①爱… Ⅱ.①张… Ⅲ.①家庭教育－教育心理学
Ⅳ.①G780

中国版本图书馆CIP数据核字(2019)第066476号

责任编辑　吴耀根
封面设计　魏　来

家长成长的心理及格线
张　华　著

出　　版	学林出版社	
	(200001　上海福建中路193号)	
发　　行	上海人民出版社发行中心	
	(200001　上海福建中路193号)	
印　　刷	启东市人民印刷有限公司	
开　　本	710×1000　1/16	
印　　张	12	
字　　数	15万	
版　　次	2019年5月第1版	
印　　次	2019年5月第1次印刷	
ISBN 978-7-5486-1512-5/G・575		
定　　价	38.00元	